卓越学术文库

2019年河南省科技厅软科学项目“精准扶贫背景下河南省乡村体育旅游研究”（192400410132）；
2020年河南省社科规划年度项目“黄河流域传统体育与旅游融合发展实现路径研究”（2020BTY022）；
国家社会科学基金项目“我国‘一带一路’沿线特色体育文化与生态旅游融合品牌创新研究”（18BTY067）；
郑州市哲学社会科学基地“黄河流域休闲体育旅游研究中心”阶段性成果

精准扶贫背景下的河南乡村体育旅游研究

JINGZHUN FUPIN BEIJING XIA DE HENAN XIANGCUN TIYU LÜYOU YANJIU

河南省高等学校哲学社会科学优秀著作资助项目

王世军 著

郑州大学出版社
·郑 州·

图书在版编目(CIP)数据

精准扶贫背景下的河南乡村体育旅游研究 / 王世军著. — 郑州 : 郑州大学出版社, 2020. 10
(卓越学术文库)
ISBN 978-7-5645-7210-5

Ⅰ. ①精… Ⅱ. ①王… Ⅲ. ①乡村旅游 - 体育 - 旅游业发展 - 扶贫 - 研究 - 河南 Ⅳ. ①F592.761②F127.61

中国版本图书馆 CIP 数据核字(2020)第 157600 号

精准扶贫背景下的河南乡村体育旅游研究

策划编辑	孙保营	封面设计	张 庆
责任编辑	辛 菲	版式设计	凌 青
责任校对	陈 思	责任监制	凌 青 李瑞卿
出版发行	郑州大学出版社有限公司	地 址	郑州市大学路 40 号(450052)
出 版 人	孙保营	网 址	http://www.zzup.cn
经 销	全国新华书店	发行电话	0371-66966070
印 刷	河南龙华印务有限公司		
开 本	710 mm×1 010 mm 1 / 16		
印 张	11.75	字 数	194 千字
版 次	2020 年 10 月第 1 版	印 次	2020 年 10 月第 1 次印刷
书 号	ISBN 978-7-5645-7210-5	定 价	49.00 元

本书如有印装质量问题,请与本社联系调换。

前　言

乡村问题尤其是乡村贫困问题一直是困扰乡村社会发展的一个难题。消除乡村贫困,改变城乡二元经济结构体制中乡村经济发展活力不足、缺乏产业支撑和发展缓慢的落后局面是当前我国现代化经济建设中亟待解决的问题。从 20 世纪 80 年代,我国就非常重视对贫困乡村开展有针对性的扶贫工作,从西部大开发到新农村建设的实施,经过长期的努力,我国乡村社会的贫困状况得到了根本性的变化。河南是我国最重要的农业生产基地,乡村社会经济在河南国民经济中占据重要的地位,但长期以来受到各种因素的影响,乡村社会经济发展较为落后,乡村脱贫攻坚的任务异常艰巨。2019 年河南有 68.7 万贫困人口脱贫,最后有 14 个贫困县摘帽,在已经实现脱贫的乡村中,仍然存在一部分因病致贫、因教育致贫、因缺乏产业支撑返贫的现象,乡村社会内生发展动力严重不足。

精准扶贫的实施就是要改变传统的单纯依靠外来资源的投入改变乡村的贫困状况的扶贫方式,通过乡村内生资源开发的方式,依靠乡村自身的资源,提升乡村自身内在的发展活力,提升贫困村的自我“造血”能力,从而避免出现脱贫村返贫的现象,真正实现贫困村的脱贫。在河南乡村资源中,自然环境是河南乡村区别于城市的最重要的资源,河南贫困村精准扶贫目标的实现也应该立足河南乡村自然资源的开发,将河南乡村中的这种资源优势转化为产业优势,同时又要注重对自然资源实施可持续的开发利用。体育旅游产业能够同时满足这两个条件,一方面,体育旅游产业是当前社会快速发展的产业,具有极好的产业发展前景,在日益重视健康的当代社会中,乡村中清新的空气、优美的山川等资源能够很好地满足体育旅游产业发展的需求;另一方面,体育旅游产业属于绿色产业,合理的开发不仅不会影响乡村资源的利用，通过相关的产业发展配套设施建设还能促进乡村社会的全面进步，改善乡村脱贫攻坚中出现的贫困人口及贫困村无业可为、无业可就、自我发展能力相对较弱的状况，这比原来单纯依托农业发展实现脱贫的方式更具产业优势。

将体育旅游产业优势与乡村社会自然资源优势有效地结合能够为乡村贫困地区提供有效的精准脱贫的方式，本书在对河南乡村自然资源和贫困地区产业发展状况进行调查的基础上，探讨了将两者结合的必要性和可行性，探讨了乡村体育旅游产业在河南乡村贫困人口脱贫中的价值，并且科学地设计了乡村体育旅游项目，在突出乡村旅游的产业特色的同时也较为有效地利用乡村的自然资源、文化资源和人口资源，同时也探讨了乡村体育旅游产业发展对于整个乡村社会振兴的推动作用，在精准扶贫的目标下探讨了实现河南乡村贫困人口脱贫的现实路径。

本书在书写过程中借鉴了国内众多专家、学者在乡村体育旅游方面的研究成果，在此表示诚挚的感谢。

由于作者水平有限，编写错误和不当之处在所难免，恳请广大读者在阅读过程中批评指正，以便本书的修改和完善。

目录

第一章

河南精准扶贫的现实与困境

第一节　精准扶贫与乡村发展

一、精准扶贫的提出

政府作为我国精准扶贫的主体，通过一系列手段，比如政策支持、财政支援等来帮助我国贫困群众实现脱贫。近年来，党和国家通过精准扶贫政策的实施来帮助贫困地区和贫困人口尽早实现脱贫，真正实现全面建成小康社会的奋斗目标。党的十八大以来，我国的贫困地区人口数量逐渐缩小，从最初的 1 亿多人减少到了 6000 万人，我国的脱贫攻坚工作取得了重大进展。2015 年 11 月，习近平在扶贫会议中指出要持续实施精准扶贫政策，通过精准扶贫帮助贫困群众实现精准脱贫，提高脱贫攻坚的质量。实现精准脱贫关键在于找到贫困的根源。通过构建新型脱贫攻坚体制，在脱贫政策中突出针对性和实效性。精准扶贫政策是在之前的扶贫政策基础上提出的。我国通过成立专门的脱贫攻坚工作小组，安排扶贫救助资金，制定专门的脱贫攻坚政策，对贫困群众和贫困地区进行精准的政策帮扶和救济式的扶贫。

自改革开放以来，我国政府对于贫困乡村实施的扶贫事业大致经历了五个阶段。第一个阶段是 1978—1985 年的体制改革推动扶贫时期，在这一

时期,通过实施社会管理体制的综合改革,加大财政补贴力度,实施家庭承包经营制,实施“三西扶贫”开发计划,到1985年,我国的贫困人口减少了1.25亿,贫困发生率降低了18.3%,解决了部分地区的规模化、连片化贫困问题。第二个阶段是1986—1993年的大规模开发式扶贫时期,到1993年底,我国的贫困人口减少到7500万,贫困发生率下降到8.2%。第三个阶段是1994—2000年的扶贫攻坚时期,这一时期国家制定了《国家八七扶贫攻坚计划》,增加了扶贫投入,到2000年国家贫困人口降低到3000万,贫困发生率下降到了3.8%。第四个阶段是2001—2010年的整村推进扶贫开发时期,支持发展龙头企业,贫困人口进一步下降。第五个阶段是2011—2020年的精准扶贫开发阶段,也就是精准扶贫时期,这一时期国家颁布了《中国农村扶贫开发纲要(2011—2020年)》,扶贫对象瞄准到户,实施因村因户施策,在具体的实施策略与实施内容上与前述的各个时期都存在较大的差异。2013年,习近平总书记首次提出精准扶贫的概念,这是与粗放式扶贫相对应的一个概念。所谓精准扶贫是根据贫困群众的特点及贫困地区的不同类型,通过实施不同的扶贫政策推动扶贫工作迈向新的台阶。精准扶贫根据贫困地区的地理环境、贫困人口的现实环境,通过有针对性和程序性的贫困户识别,并对贫困户进行建档立卡等方式,把贫困户的信息进行动态管理,帮助贫困户制定精准脱贫政策措施,增加贫困户收入,帮助贫困户尽早实现脱贫目标。

二、“精准”的三层含义

精准扶贫中的“精准”主要包含三个层面的含义:

首先,是对于贫困人口的精准识别。精准扶贫的对象是贫困群众。以往在对于精准扶贫对象确定的过程中,通常是以县为单位,或者是以自然村为单位,这样无法保证对于贫困人口的精准识别,不能将扶贫资源精准地送到贫困群众手中。只有对贫困对象进行区域性的识别和个人识别才能够提高精准扶贫的针对性。但是,由于对于精准扶贫对象了解程度不深,精准扶贫政策所涵盖的范围较大,对于精准扶贫户的识别难度也不断加大。

精准识别主要包括两个方面。一方面,是对贫困家庭进行精准识别。对于贫困家庭的精准识别应当根据我国扶贫政策的规定,并结合扶贫的具

体实践来进行。以往的扶贫政策存在着机制性的障碍和缺陷,贫困对象识别错误带来的弊端比没有对于贫困户进行精准识别要大得多,对于贫困群众的精准识别的第一步是将处于真正贫困状态、急需贫困物资帮助的贫困户从贫困地区中识别出来,这样才能够将扶贫物资真正高效率地使用。第二步是提高国家扶贫资源的利用效率。但是在实践操作过程中,部分贫困地区的扶贫干部为了使该地区贫困户能够被更多地识别而弄虚作假。止确的做法是群众将自己的家庭情况进行上报,然后根据村民对于该家庭的了解程度来进行评议,这样就能够有效避免在贫困户申报过程中出现弄虚作假和夸大隐瞒的现象。政府还可以通过专门的扶贫机构对贫困户进行调查和审核。按照国家政策和标准对贫困户进行评判,在评判之后使用公示的手段让广大群众知晓,如果群众对于贫困户识别结果有异议,可以在公示阶段及时找政府反映情况,政府部门通过再次核实的方式对于有异议的贫困户进行再次评判,最终确定精准扶贫家庭的名单。这种做法不仅能够提高贫困家庭识别的准确度,而且能够保证最终留下来的受帮扶的家庭确实是贫困家庭。虽然这种办法在操作上存在着一定的难度,但却是符合我国国情的一种有效办法。另一方面,是对贫困户致贫的原因进行精准识别。贫困家庭致贫的原因各有不同,但有一些大致相同的原因,例如:缺少土地资源、交通阻塞等。除此之外也有一些各自不同的原因,例如:病、残、丧失劳动能力、缺乏技术等。对于贫困户致贫原因进行精准识别能够帮助贫困户找到致贫的穷根,并拔除穷根。针对贫困户致贫的不同原因,通过制订出有针对性和实践性的扶贫方案对贫困家庭进行下一步的帮扶。因此,精准识别是开展精准扶贫工作的基础。如果在精准扶贫这一环节出现了偏差,就会影响后续扶贫工作的质量和效果。

其次,是在识别之后对贫困户进行精准帮扶。在完成对于贫困家庭和贫困人口的精准识别后,要针对贫困地区及贫困人口的致贫原因进行有针对性的脱贫帮扶,以往的脱贫工作中存在着“一刀切”的方式,这种方式是按照统一的扶贫方案一并解决贫困等问题,实践证明这种做法虽然能够在较短的时间内取得一定的成效,但是随着时间的推移,“一刀切”的扶贫政策效果会不断下降,甚至会起到反作用。在现实生活中,对于扶贫项目的选择存在着模仿的情况,在对扶贫资金的使用过程中也存在着一些问题。例如,对

于扶贫资金的使用门槛较高,基层工作人员缺乏一定的自主权。扶贫资金使用中的平均主义现象也较为严重。当地政府认定某一项目能够帮助当地农民实现脱贫致富,就会在该区大面积推行此项目,而不顾每个村的具体实际。还有一些自然村通过一些不光彩的手段获取更多的扶贫资金,影响了其他真正贫困地区扶贫资金的使用,真正需要扶贫资金的自然村可能因此而得不到扶持,部分贫困家庭也无法享受扶贫资金带来的改变。针对这种情况,习近平总书记指出要以更加明确的目标,更加有力的举措,更加有效的行动,深入实施精准扶贫,精准脱贫,在项目安排和资金使用上都要提高精准度,扶到点上、根上,让贫困群众真正得到实惠。

由于每个地区、每个家庭致贫的原因各不相同,要针对不同的致贫原因,制定出不同的扶贫措施。对于有劳动力的家庭,可以通过特色产业的发展来帮助其实现就业,靠自己的双手创造幸福的生活。对于地理条件较为恶劣的地区和无法进行正常生产劳动的家庭,可以通过异地搬迁的方式改善其居住环境和自然条件,从而帮助其实现脱贫的目标。对于处在生态环境比较脆弱的地区的贫困家庭,可以对其灌输生态环境保护的知识,通过生态环境保护来为贫困家庭提供更多的就业岗位,帮助其实现脱贫致富。对于有子女正在就读的贫困家庭,可以通过“雨露计划”等教育帮扶措施让贫困家庭的子女顺利完成学业,实现就业,从而增加其家庭总收入。而对于丧失劳动能力,身体残疾的贫困家庭,可以通过土地流转等方式为他们带来一定的经济收入。

最后,是精准管理。从广义上说,精准管理就是建立一套自上而下的管理体系。从20世纪80年代我国开始实施扶贫政策以来,在扶贫过程中,政府一直是扶贫队伍的主力军,在政府的正确领导下,我们的脱贫攻坚工作取得了很大进展。但是在之前的扶贫工作中,扶贫政策的制定主体主要是中央政府,地方政府在扶贫政策和帮扶措施确定的过程中只是参与者和落实者。党的十八大以来,习近平同志强调,中央和各地方行政部门要各司其职,协调分工,明确自身的职责,通过相互协助的方式推动精准扶贫工作再上新的台阶。在对于精准扶贫管理体系的制定上,习近平同志指出要实施中央统筹,省负总责,市地抓落实的管理体制。从狭义上说,精准管理就是要充分利用现代科学技术对贫困户家庭进行建档立卡,实现对贫困人口的

动态管理。扶贫部门也要通过对于贫困家庭信息的收集,掌握贫困家庭、贫困人口的具体情况及时调整扶贫措施,并落实相关扶贫政策。而对于通过政府扶持和自身努力已经实现脱贫的家庭要及时退出贫困家庭的数据库。此外,对精准扶贫工作要进行监督和管理,扶贫部门要通过信息管理系统、通过对于扶贫资金使用情况的动态管理和扶贫项目进展的实时记录,全面地了解精准扶贫的最新动态。扶贫信息系统中贫困户家庭信息及扶贫项目的开展也能够对驻村第一书记和驻村干部精准扶贫工作的开展起到一定的参考和决策作用。对于扶贫工作较好的地区通过奖励的方式帮助干部提高积极性,而对于扶贫工作进展成效较低的地区,及时调整扶贫政策。

三、精准扶贫助力乡村发展

精准扶贫战略和乡村振兴战略都是我国建设小康社会、缩小贫富差距、缓解社会矛盾的切实需求,两者具有一致性,精准扶贫是乡村振兴的需要。社会主义的本质是解放生产力,发展生产力,消灭剥削,消除两极分化,最终实现共同富裕。从 1978 年改革开放以来,中国经济迅速发展,在脱贫工作中取得了重要进展。

首先,精准扶贫与乡村振兴具有目标上的一致性。“三农”问题是乡村振兴战略所要解决的首要问题,是建设新型农村风貌、实现农民富裕、推动农业发展的民生工程,是缩小城乡差距、实现城乡平衡发展的主要措施。精准扶贫是针对区域内的农村人口解决基本生活保障,在现有标准下实现脱贫、脱困的举措。两者在战略目标上有很大的相同点,可以说,精准扶贫的有效实施为乡村振兴战略的发展奠定了坚实基础。习近平总书记在十八大报告中指出,要动员全党全国的力量,坚持实施精准脱贫的政策。习近平总书记的讲话不仅指出了我国脱贫攻坚的目标,同时也明确了在脱贫攻坚工作中的重点。中国脱贫攻坚工作的新进展也为世界各国的脱贫贡献了中国方案和中国力量。目前为止,我国农村仍有将近 4000 万贫困人口,这些贫困人口集中在偏远地区,这是中国的一个现实问题。建设美丽中国,实现乡村振兴,满足人民群众对于美好生活的追求和向往是实现乡村振兴的关键。我国在现代化建设过程中,农业和农村发展的程度与城市地区相比相对滞后,这也是阻碍全面建成小康社会的关键。要实现乡村振兴,就要加强对农

村地区的精准脱贫,通过优先发展农业和农村地区来实现全面建成小康社会的重要目标。精准扶贫是在认真研究我国国情的基础上提出来的,精准扶贫不仅改变了以往在扶贫工作中"一刀切"的做法,同时也解决了以往扶贫的过程中出现的问题,如:贫困人口的识别不清晰、帮扶措施不够准确和有针对性、扶贫项目的开发不能有效帮助贫困地区的贫困人口实现脱贫增收的目标等。精准扶贫主要体现在确保农民可支配收入得到有效提升、人力资本得到有效发展、生态环境得到有效保护、人民基本权利得到有效保障等。所以说,精准扶贫是与乡村振兴发展相契合的。自从习近平提出精准扶贫政策以来,扶贫部门校正以往粗犷式的扶贫方式中存在的问题,在扶贫过程中不断突出"精准"二字。

其次,精准扶贫是乡村振兴的前提和基础。乡村振兴所包含的内容较为广泛,它包括政治、经济、文化、社会、生态文明等多个方面。而精准扶贫则是对于贫困地区的经济和文化帮扶。

再次,精准扶贫的实施为乡村振兴的发展提供了宝贵的经验。在精准扶贫过程中要坚持以人为本,通过精准扶贫政策的制定帮助贫困地区实现整体发展。近年来,精准扶贫战略思想的全面实施拉开了脱贫攻坚战略的帷幕,截至目前已经形成一套完整的理论体系和实践经验,鉴于我国乡村形态具有多元化和复杂化的现状,应坚持以人民为中心的发展理念,坚持精准施策的基本方略,同时,面对我国迥异的乡村环境,应该因地制宜,结合区域内的环境、风俗、资源等合理制定战略规划,实现差异化的应对需求。

第二节　精准扶贫背景下的乡村内生资源开发

一、乡村内生发展

乡村内生发展是一种通过自我引导实现的发展。一方面,乡村内生发展是通过对自身资源的利用努力达成发展目标;另一方面,乡村内生发展是通过利用乡村的自然资源来创造经济收入。乡村内生发展包括三个方面的内容:一是乡村参与的经济发展,二是推动乡村发展举措的完善,三是乡村土地资源的综合利用。乡村内生发展不仅能够提高乡村的经济总量,而且

能够帮助乡村地区实现经济、政治、文化、生态文明等多方面的综合提高。1983 年联合国教科文组织提出了“内生性发展”理论，所谓内生性发展指的是政府通过开发和利用乡村地区的内生资源实现乡村地区经济的发展，调动社会各个阶层联合起来，实现政府所追求的发展目标，其最终目的是将社会能力转化为经济能力。

上述观点提示了乡村振兴的建设主体及如何实现乡村振兴。乡村内生发展可以采取通过开发项目保护和传承乡村风俗文化、提高乡村的地方自治权等举措。

首先，乡村内生发展对于内部力量的激发，是在保护本地区生态环境和风俗习惯的基础上进行的。激发乡村振兴的动力是摆脱乡村对于外界经济的依赖，帮助乡村能够真正回归到以自身为主导的方向上来，从而激发乡村自身的潜力，这种潜力包括学习和创新的能力、协调互动的能力和应对风险的能力。随着经济全球化的快速发展，衡量地区的经济发展指标已经由单一的经济指标转化为经济、政治、文化、生态环境等综合指标。内生式发展的乡村振兴模式追求的是实现群众的全面发展和乡村的综合提高。在乡村振兴发展过程中除了要保持乡村的文化传统，还要将生态等纳入考核乡村振兴发展的体系，乡村发展是一种多元化的发展，这种发展是激发乡村自身的生长能力，从而帮助乡村实现长久的可持续发展。

其次，实现乡村振兴的发展必须培养乡村自身发展的能力，最好的方法是通过对当地人进行培育和教育，帮助当地人成为乡村振兴的有力主体，摆脱乡村和都市二元化的现象。城市的发展不能以牺牲乡村的利益来进行，乡村和城市之间应该是一种互利合作的关系。乡村内生发展不应当允许外部力量侵入乡村自身利益，当地人应当是乡村内生发展的参与者和引导者，以及受益者。当地人对于乡村的熟悉程度要高于外地人，因此出于对本地利益的维护，应当参与乡村振兴的整体发展过程。乡村振兴的发展也离不开城市的支持，通过利用城市的资金、技术等帮助乡村快速发展，但是乡村振兴的开发主体仍然是当地人。

最后，保证乡村内生式发展需要建立一个能够反映当地人的利益，并且能够对当地经济发展决策的制定起重要作用的基层组织。内生式发展涉及多个方面内容，不仅需要正确观念的引导，还需要自上而下的管理体系，实

现乡村内生式发展应当降低管理成本,提高管理效率,应当通过基层组织、调动基层力量来推动。在中国,最基层的组织是村委会。除此之外,一些家族意识较为浓厚的地区存在着宗族的力量。

二、乡村内生资源活力提升与精准扶贫目标实现

精准扶贫目标实现的根源是激发乡村内生资源。河南传统乡村有着丰富的资源,土地资源和水资源是乡村发展的重要支撑。乡村社会中的资源包括的土地类型、土壤属性和水源条件等都决定着乡村发展的速度和乡村发展的质量。实现乡村振兴的发展必须依托乡村独有的地理优势和自然资源,如乡村的土地资源、水资源和区位优势,只有充分发挥乡村的独特优势,因地制宜地发展扶贫项目才能够推动乡村地区的整体经济发展。土地资源是乡村振兴的基础,乡村土地资源的利用对于乡村振兴的建设起着关键性的作用。乡村土壤的类型、土壤的质量决定着乡村经济作物种植的类型及特色产业种植发展的方向。在土地较为集中的地区可以通过发展农业产业园等方式对农产品进行深加工,推动农业的产业化发展。

在自然资源较为充足的地区可以借助乡村旅游的发展,推动食、宿、行、游、购、娱等一体化消费产业发展,因此,实现乡村社会的发展要对乡村土地资源和自然资源进行综合利用,乡村的人文资源是乡村在经济资源基础上发展出来的,包括乡村的劳动力及乡村的民俗文化,这些都能够为乡村振兴的发展提供动力。河南省作为人口大省,具有丰富的人力资源优势,乡村人力资源在这里主要是指乡村振兴过程中的当地村民。村民长期生活在这片土地上,不仅是这片土地的主人,也是乡村振兴的主体,对于乡村振兴的发展起着决定性作用。村民的年龄、知识水平、文化程度、性别的构成等都会影响乡村振兴的发展。实施乡村振兴战略除了要提高村民的综合素质和创新能力,重要的是在乡村振兴过程中通过引进外来人才盘活乡村经济,推动乡村发展。除此之外,必须始终坚持村民作为乡村振兴的主体地位,在提升村民综合素质的基础上,调动村民的工作积极性和主动性,从而推动乡村的综合发展,实现乡村整体生活水平的提高。对于返乡创业的村民给予更多的政策优惠和税收优惠,发挥乡村振兴中人力资源这一优势。在乡村振兴中,要将乡村的劳动力优势与乡村的资源优势充分结合,培养出一批懂技

术、有文化的当地村民。同时,乡村文化为乡村振兴的发展提供了动力支撑,乡村文化主要是指乡村的风俗文化,这些文化具有明显的地域性,要在保护乡村传统优秀文化的基础上,摒弃乡村文化中的糟粕,推动乡村脱贫攻坚工作的开展。

乡村的政治环境是指乡村基层党建工作的开展。乡村通常有村落属性,在我国,乡村分为自然村和行政村两种,不同性质的乡村在基层党建工作开展的过程中取得的进展也各不相同。在行政村中,由于村民自治程度较高,村民组织较为完善,因此基层党建工作的成效较为显著。而在自然村中,由于乡村党建的基础工作较差,所以效果不佳。推动乡村基层党建工作的开展有助于实现乡村振兴。

精准扶贫目标的实现离不开乡村内生资源的激发,缺少内生资源的激发,“精准扶贫”变成了“精准撒钱”,不仅极大地增加了基层政府的工作量,浪费了国家的财政和人力资源,而且加大了基层官员的“寻租”空间。缺乏内生资源激发的精准扶贫反而造成了乡村资源的浪费,一些地方没有对广大乡村进行“地方性情境”即自然条件的区别化对待。南方农村和北方农村,平原地区和丘陵地带,无论是水土条件还是日照温差,都大不相同。新农村建设中的“农民上楼”就是典型的不考虑地方实际情况的政策。一些地方没有考虑各地农业发展和经济状况的差别。前些年的一些地方政府,一窝蜂地在当地推广某种经济作物,出现滞销与农民利益受损,就属于这样的情况。还有,在乡村产业化发展中,不考虑南北差异和地方特点,推广某种经济合作方式和土地流转模式,实行“一刀切”。同时不少地方政府没有考虑地方人文环境与历史文化底蕴,这表现在新农村建设中,很多历史悠久的古村落被拆掉。个别地方脱离本地实际,赶潮流建设各种“小镇”,最后甚至成了“空城”。新农村建设的主体和受益者都是农民,有的地方缺乏农民的积极参与,以及对地方社会人力资源的充分调动,新农村建设甚至变成了“被建设”的新农村。

三、精准扶贫背景下乡村内生发展动力的培育路径

乡村内生资源的开发是推动乡村振兴战略发展的必要途径。在精准扶贫背景下乡村内生资源的开发主要可以通过以下几点来实施。

第一,鼓励地方自主探索和大胆创新。乡村振兴战略是全国性的民生战略,但是我国幅员辽阔,各地人文资源、自然资源等迥异,一刀切的方式不适宜推广,鉴于此,地方政府应在国家乡村振兴战略的文件精神中自主探索,大胆创新,结合本地实际情况因地制宜,科学化地实施精准扶贫政策,真正理解乡村振兴战略的精神内涵,切实为乡村内生资源开发奠定良好开端。同时,国家也应该给予地方政府相关政策扶持,派驻专家实地指导,及时调整实施方式。

第二,确立农民的主体地位。乡村振兴战略中内生资源的开发应注意集体与个体之间的协调发展,不能只注重乡村发展的“面子工程”,要让农民实实在在体会到乡村振兴带来的好处。在实现农村经济发展、农村生态环境保护、农村精神文明建设的同时要注重农民个体综合素质的提升,从精神文明到物质层面得到全面升华,只有确立了农民在乡村振兴中的主体地位,让农民治理农村,让农村带动农民,以多种形式激励农民参与乡村治理,实现乡村振兴的内在化发展,才能推动乡村振兴战略的落实与发展。

第三,鼓励乡村特色的发展。乡村振兴面对的是我国整体农村发展的民生举措,遵循平等原则,但是在实际发展中我们也不能忽视市场原则。要想实现乡村振兴就要找准区域内农村的资源禀赋特色,通过比较优势根据自身禀赋特色找准市场定位,发展文化旅游,利用互联网信息技术及电子商务推广特色农产品,充分发挥自身的特色优势,助推精准扶贫在乡村振兴战略中效力的最大化。

第三节　精准扶贫背景下的河南乡村产业调整的状况与措施

一、基于精准扶贫的河南乡村产业发展状况

河南省是我国的人口大省,也是我国的农业大省,作为贫困人口较多的省份之一,截止到2019年,全省共有52个贫困县,6382个贫困村,424万农村贫困人口,农村贫困人口在全国的排名居于第三位。近年来,河南省通过开发扶贫项目不断加大对于扶贫资金的投入力度,在创新扶贫项目的管理

中进行了一系列有效的实践和探索。

随着城镇化进程的加快，人们的生活水平和生活质量不断提高，消费理念也在不断发生变化，对于绿色健康食品的需求也出现增长的态势，因此，在特色农产品的供应上一直出现供不应求的状况，特色农产品的价格居高不下，此外，人们对于乡村旅游和体育旅游的积极性不断提高，越来越多的乡村旅游和体育旅游受到游客们的欢迎。乡村旅游市场不仅潜力巨大，其发展程度也在不断提高，尤其是自然资源丰厚和风景独特的地区。河南省政府也出台了一系列优惠政策来鼓励农产品的加工发展及旅游业的发展，通过特色产业项目的开发和建设，不断完善基础设施，实施新品种的引进和推广，不断改良本地区的特色农业，提升贫困地区的农产品加工水平，实现贫困群众的持续增收。

通过电商等新兴产业的发展来帮助贫困群众就业，帮助贫困群众增加收入。2016 年河南通过发展光伏扶贫工作和试点，重点发展电子化商务技术，帮助贫困地区的贫困户增收 8000 到 10 000 元，帮助贫困地区的农产品实现向外销售的目的。从目前看，河南在电商扶贫中仍处于探索阶段，电商扶贫主要包括两个方面：一是帮助贫困户通过互联网来开办网店，并给贫困户提供后续的技术支持和就业培训；二是通过从事电子商务的一些企业带动当地农产品向外销售，帮助贫困户实现就业。

产业扶贫提高了贫困户的收入，帮助贫困户更好地实现了就业，增强了贫困户的就业能力，但是在产业扶贫中也出现了一些问题，不同的产业项目和扶贫模式都存在着很大的差异，在可持续性方面需要给予更多的重视。

第一，对产业扶贫的认知不足。产业扶贫不同于其他扶贫方式，产业扶贫的发展周期较长，并且见效慢，存在着一定的风险性。部分地区的扶贫干部在扶贫工作中不愿意对产业进行调整，往往是通过“一刀切”的方式进行，在当地的农业基础上发展特色产业，把精力和财力、物力都集中到当地生态环境的整治和基础设施的建设等方面。贫困户致贫的原因多种多样，有因病致贫，有因残致贫，有丧失劳动力致贫等，还有一个重要的原因是贫困户在思想上不愿意通过自己的劳动实现脱贫。这种观念意识所导致的贫困现象在贫困山区普遍存在，部分贫困户长期生活在贫困状态，对于贫困的环境已经适应，导致他们不愿意通过自己的双手去改变现状，害怕承担由于变化

所带来的风险。还有一些贫困户因循守旧,对于新生事物存在着抵触思想,在产业扶贫发展过程中,部分贫困户不愿意了解新的技术,如不愿意学习养殖技术,即使政府有专门的养殖培训班和养殖培训课程,还是有很多贫困户不愿意去学习,这是导致贫困户就业能力不高的主要原因。因此,转变贫困户的传统观念是扶贫工作中的另一个重要难题。国家通过扶贫资金在贫困地区的投放来促进扶贫事业的发展,这是产业扶贫发展的重大机遇,如何利用好扶贫资金,将扶贫资金的效益最大化是产业扶贫的关键。国家对于贫困地区进行资金扶贫并不意味着持续的无限资金投放,我国贫困地区数量较多,分布范围较广,国家拨付到每个贫困地区、每个贫困户手中的扶贫资金仍然是有限的。而产业扶贫的主要目的是帮助当地的贫困户通过产业的发展来实现贫困农民脱贫致富,发挥的是抛砖引玉的作用。真正能够使贫困户脱贫的是国家扶贫资金的利用效率,地方组织通过充分利用专项资金,发挥好特色产业种植,发挥主观能动性是脱贫的关键所在,部分贫困地区由于缺乏资金,导致产业发展遇到瓶颈,但是过度依赖政府的扶贫资金,对贫困户自主能力的发挥是十分不利的。纵观当前的脱贫攻坚工作的开展,部分地方“等”“靠”“要”思想严重,寄希望于国家能够增加对于扶贫资金的支持,一个原因是近年来社会物价上涨,另一个原因是地方在扶持企业,以及发展特色产业的过程中,对于产业的发展整体掌握得不够客观,没有将有效的资金用在合适的地方。进一步投入扶贫资金固然能够帮助贫困地区产业扶贫的发展,但是如何利用好有限的资金则是贫困地区的扶贫干部需要考虑的首要问题。贫困地区对于资金过分依赖不但不利于产业扶贫的进一步发展,而且会起到相反的作用。

扶贫资金只是一种临时性的救助,如果刻意夸大扶贫资金在产业扶贫中的重要作用,反而不利于贫困地区发挥主观能动性和创造性。在产业扶贫发展的过程中,农民作为产业扶贫的主要承担者和受益者,在当地产业扶贫过程中,往往是听从政府的安排,不能有效地发挥主观能动性和创造性。长期以来,政府作为产业扶贫的主体,往往只是基于本地区的资源考虑来开发扶贫项目,而不去深入实地了解贫困群众是否有意愿和有能力参与扶贫项目,导致部分地区的贫困群众对于当地的扶贫产业一无所知。这种单向的扶贫策略使贫困群众产生了懒惰的思想,错误地认为政府只要发放扶贫

资金就是对自身的帮扶,因此,贫困群众在产业扶贫过程中积极性不高。面对这种情况,对贫困地区进行产业扶贫时,从贫困项目的确立,到贫困项目的实施过程,政府都应该及时公示。当地的贫困群众对当地的情况了解较为深入,能够知晓扶贫产业是否适合当地发展的实际,而在扶贫项目中碰到的问题,也需要当地人通过共同判断和分析来解决。此外,当地农民在产业扶贫过程中也能够对政府扶贫资金的公开使用发挥监督的重要作用,从这个意义上讲,产业扶贫过程中只有充分发挥贫困群众的集体智慧,才能够使产业扶贫更具有动力。

第二,产业规划不合理。在扶贫产业方面如果缺乏科学合理的规划,就会导致扶贫产业的发展缺乏后劲。我国扶贫产业和扶贫政策在当地的落实中存在着较为分散和部门较多的现象,缺乏统一的规划和全盘考虑。扶贫政策不能仅仅是对某一地区的产业发展进行规划,在扶贫项目的实施过程中应该对于扶贫政策落实进行进一步的细化和执行,改变以往的“一刀切”的做法。中国各地在产业发展过程中存在着不同的优势,这些区位优势与当地的地域文化有很大关系,贫困地区自身的经济发展条件也是决定扶贫项目选择的重要依据,鉴于这种情况,在产业扶贫模式的确定方面不应当各自为政,政府在扶贫项目选择阶段就要做好认真的甄别和区域间的沟通协调工作,避免出现同质化的现象。而事实上,一些地区在产业扶贫过程中存在着相互模仿、千篇一律的情况,这一方面是由于贫困地区在扶贫产业项目上的选择范围较小,扶贫干部的脱贫攻坚的工作成效与政绩考核直接相关,部分地方政府急功近利,为了帮助贫困群众尽早实现脱贫,通常会选择盈利更高的扶贫项目进行开发,并且各个地区之间的扶贫干部缺乏有效的沟通,因此造成了扶贫项目趋同的现象;另一方面,一些地方干部在产业扶贫过程中缺乏整体的规划和创新能力,在对于上级文件的揣摩方面不能认真领悟,出现了病急乱投医的现象,这也是导致贫困地区产业扶贫模式较为单一的主要原因。当前扶贫工作进入了关键时期,对于扶贫项目的选择及扶贫决策的要求不断提高,在选择扶贫项目的过程中应当注意各区域之间的协调,根据本地区的特点来选择符合当地发展实际的产业扶贫项目,避免由于产业扶贫项目单一导致区域之间恶意竞争的现象。

第三,贫困群众的综合素质和发展技能普遍较低。贫困群众作为产业

扶贫的主体,其技能水平和综合素质直接影响到产业扶贫的发展过程。现在的情况是贫困群众普遍文化程度较低,劳动能力不强,缺乏专业技能。在贫困地区,有文化、有知识、有技能、有劳动能力的青壮年都会选择外出务工,而只有少数的农民会选择回乡创业,在农村留守的贫困人口年迈体弱,而且文化程度较低,在扶贫产业的发展过程中会出现政府扶持的羊羔和牛犊被贫困户卖掉换钱的现象,留守在贫困地区的贫困群众在家务农,家庭主要经济收入靠外出打工的青壮年劳动力提供,缺乏在家创业致富的想法和动力,导致在贫困地区发展特色产业缺乏后劲。同时,贫困地区在发展特色种植和产业扶贫中的相关专业人才极度缺乏,农产品的加工制造和现代农业的发展,对于贫困群众来说是较为陌生的。贫困地区由于经济和生产发展落后,导致很难引进人才和留住人才,而相关部门受到当地经济和编制不足的制约,会出现工作人员年龄较大、知识更新较慢、技能退化、体力较差等问题,这种现象尤其在基层工作人员中存在较多,导致精准扶贫发展的过程中出现了缺乏全盘规划和扶贫产业发展慢的现象。在中国进行脱贫攻坚这一项目,政府是脱贫攻坚的主体,如果政府的服务跟不上,就会导致扶贫产业的发展较慢。政府的作用主要在于给贫困群众提供一个脱贫的平台,通过国家政策的宣讲和实施帮助贫困群众提高脱贫致富的能力。在产业扶贫发展的过程中,政府应当将扶贫资金有效利用,通过合理使用当地专项扶贫资金,引进相关企业,将引进的条件、申报的项目和资金的分配进行科学的规划,帮助引进的企业不断做大做强,带动当地贫困群众顺利就业,增加贫困群众收入。政府在购买扶贫服务的过程中也应当按照国家的扶贫政策,重视市场的发展规律,实现政府、市场和贫困群众共赢的局面。

二、基于精准扶贫的河南乡村产业发展措施

河南省作为我国的农业大省,乡村产业化发展一直是其现代化发展的研究重点。在精准扶贫政策下,对河南乡村产业进行优化调整可以促进河南乡村精准扶贫的人性化发展,促使产业结构得到进一步优化、产业体系得到进一步发展、乡村配套设施得到进一步完善。

首先,积极做好河南乡村产业体系的规划。河南近七成的贫困乡村集中在“三山一滩”地区,呈现贫困地区连接成片的特性,在该类型区域内实行

精准扶贫必须突破区域限制，根据地区实际情况实行跨区域资源集中式协调发展，在国家精准扶贫理念下转变不合理的产业体系，大力发展本地区的特色优势产业，同时，应搭建村镇联合发展平台，将政策要求与市场条件结合、行政体系与市场体系并行，推动乡村产业体系的多样化发展，对于支柱产业、特色产业要积极做好人才规划，确保实现完善的乡村产业体系结构。传统农业是河南很多贫困乡村的第一产业，同时也是主导产业，现代化进程的推进及市场经济的影响证明，单纯发展传统农业是没有出路的。因此，要做到这样四点：第一，发挥区域统筹优势，加速现有传统农业的升级转型，打破单一产业、主导产业的禁锢，实现多元化产业、特色产业的发展；第二，重视集聚性产业的发展，对于生产效率低下、生态环境影响大的粗放型产业应尽快腾退或者转型，进而发展适合本地区的现代产业，以点带面，向周边进行辐射，建设扶贫车间，实现现代化集聚产业的发展；第三，挖掘乡村资源，发展乡村特色，对于自然资源、人文资源、历史资源具有优势的区域重点培养，发展生态环保的乡村体育旅游产业；第四，对于环境恶劣、不适宜人们生产发展的村落实施搬迁，实现人力资源渐进化、集中式发展。

其次，积极实施生态环境保护下的产业布局优化。河南很多贫困乡村的土地相对零碎，农业种植多依赖人力，这种无序的农业生产为周边生态环境带来了极大的影响，同时收益也极低。这种零碎化的种植为乡村农业机械化发展带来困扰，基于此，要做到这样三点：第一，应该实现农业发展空间的适度聚集，在可实施的操作环境下，引导农业不同类型的产业聚集性发展，结合本地区自然空间布局实现合理调整；第二，进一步完善土地流转制度和承包制度，提高土地生产效率，进一步解放农村劳动力，小农思想是河南多数贫困乡村的主导思想，小农思想下的小农经济为人们的温饱提供了一定的保障，但是在现有社会市场经济下具有不适宜性，要想实现乡村产业布局的优化需要发展乡村生态农业，改变粗放的农业化生产布局，对农产品进行再加工，提升其价值；第三，应该保护好几千年来优良的乡村风土文化，将民间艺术融入乡村发展，创建休闲乡村旅游模式、乡村康养发展模式及创意产业发展模式，实现生态环境保护下的产业布局优化。

最后，优化创新协作治理下的组织机制。河南目前很多贫困乡村青年劳动力流失都比较严重，空心化村庄比比皆是，这对于乡村治理和发展造成

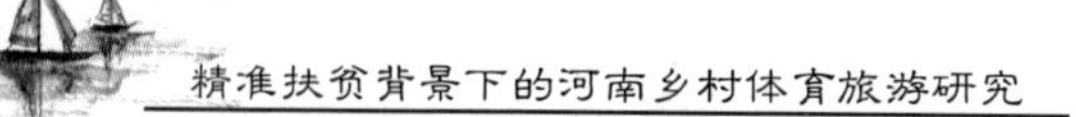

了极大的影响，但是不可否认的是几千年来乡村文化的传承在乡村自我治理中仍发挥着重要作用，乡贤文化和宗亲文化仍然是乡村自我治理不可或缺的一环。在乡村组织机制的优化中不可忽视这股力量，应该充分发挥协作治理的优势，结合乡村自我治理实现循序渐进的乡村组织机制的平稳过渡，同时，也应该积极引导农村青壮年回乡发展，特别是鼓励大学生回乡，利用所学的文化知识造福乡里。在乡村的协作治理中，政府作为主导者，要充分发挥引导机制，坚持村民主体，变政府单方引导为政民双向互动，增加农民自身在脱贫致富中的主观能动性。在现状调研中应该充分聆听农民自身的看法，及时疏导教育，提升农民落后思想；在方案制订时应考虑农民的实际需求，充分征询农民意见；在成果实施中要引导农民积极参与乡村治理，进而推进产业脱贫工作的精准落实。

第二章

河南乡村体育旅游与精准扶贫的关系

第一节　乡村体育旅游概述

一、体育旅游

体育旅游作为一种新型的旅游方式，通常分为体育锻炼和观光旅游两种。体育旅游主要是从旅游产品的出发点、旅游的目的及旅游资源开发等方面进行界定。《现代旅游学》这本书中将旅游产品分为探险旅游、观光旅游、享受旅游等多种形式，而探险旅游和徒步旅游与体育旅游有着较为密切的关系。该书指出，探险旅游是指根据旅游者的身体素质而采取的旅游活动，任何一种旅游活动都有利于旅游者的身心健康。探险旅游主要包括滑雪、探险、漂流、冲浪等，这种旅游是旅游者从未体验过的，所以具有一种标新立异的感觉，旅游者还会体验到一些惊心动魄的旅游项目，例如蹦极。探险旅游中还有海底旅游和沙漠旅游等，根据旅游者的内心需求和旅游动机来设计，也属于体育旅游的一种。从旅游资源分类来看在中国普遍采用的旅游方式是文化旅游和观光旅游，其次是健康旅游和休闲旅游。与体育有关的旅游主要包括旅游景点的选择和与旅游项目相关的健身活动。观赏性旅游可以分为娱乐旅游和特殊旅游两种，娱乐旅游是一种从个人兴趣出发、需要旅游者全身心投入的健康旅游活动，主要包括滑雪、冲浪、钓鱼等旅游

项目。娱乐旅游除了能够强身健体、放松身心之外,还是具有很强的参与性的旅游项目,人们必须参与旅游项目才能够享受到旅游的乐趣。健康旅游主要是指体育旅游和保健旅游,这两种旅游是人们通过体育项目的参与,如游泳、滑雪等,来实现放松身心的目的,体育旅游是根据旅游者的兴趣爱好,也属于一种娱乐旅游;而保健旅游主要是出于治疗和预防疾病的目的,帮助旅游者增强身体素质。生态旅游则是一种回归大自然的旅游方式,近年来,随着国家对于生态环境保护的重视,生态性旅游活动也受到越来越多游客们的喜爱。《旅游规划指南》这本书中对旅游产品进行了分类,认为生态旅游可以分为康复性旅游和猎奇性旅游两种。康复性旅游是以强身健体、放松身心为主要目的的旅游,比如:滑雪旅游、水上旅游、温泉旅游。而猎奇性旅游则是满足人们的好奇心理和猎奇心理的探险旅游方式,比如:海底旅游、沙漠旅游、蹦极、极限运动等。这本书中还指出,随着我国旅游业的发展,将旅游产品和体育产业相结合逐渐兴起一种新兴的体育旅游业,所谓体育旅游是指在旅游发展较好的城市,通过建立体育场馆及完善体育运动的基础设施开展的体育健身旅游,体育健身旅游逐渐成为大众性体育健身的方式和选择,比如:水上乐园、山地旅游和空中旅游。在旅游项目开发较好的地区通过体育产品的开发能够塑造当地的旅游业的形象,体育旅游资源作为一种无形的资产,也能够促进当地工艺品制造业的发展。

体育赛事旅游包括三个方面:一是以知名运动员所比赛的地区和组织为依托来举办体育赛事。二是观摩体育赛事的旅游者,主要是指以观众和球迷的形式有组织地对体育赛事进行观摩,也就是跟随自己喜爱的球队前往体育赛场,作为赛场的球迷。三是进行体育活动的旅游者,主要是自己主动自发进行体育活动,而并非有组织地,比如通过自发组成的滑雪团参加滑雪运动。

目前对体育旅游的概念有广义和狭义之分,从广义上讲,体育旅游是指体育旅游商品相互交换所产生的经济行为;从狭义上讲,体育旅游就是体育旅游场所的互换,体育旅游产品是指在旅游的过程中能够为旅游者带来满足和效用的消费和服务的总和。体育旅游作为一种特殊的旅游方式,不但能够满足体育运动和观光旅游两个方面,而且能够延伸出体育产品制造业的发展。从产业的角度界定体育旅游,它是一种综合性的、新型的旅游服务

行业，在旅游的过程中旅游者通过参与体育比赛项目，感受到旅游企业和旅游地的文化。从旅游资源的角度讲，体育旅游是以体育赛事和体育文化为载体来吸引人们主动参与游玩过程的一种潜在市场，它能够满足旅游者的健身需求和娱乐需求，并借助多种载体帮助旅游者达到身体的锻炼和身心的放松，体育旅游作为一种新型旅游方式对体育资源和体育设施有一定要求。

给体育旅游下一个精准的定义较为困难，从旅游学角度看，体育旅游作为一种专业性的旅游，不同于一般的观光旅游和人文旅游，它是在一定的社会经济和文化的背景下产生的一种社会经济文化现象，是以满足各种体育需求、提高生活质量为目的，以体育运动、体育锻炼为主要内容的一种旅游活动形式和社会现象。体育旅游是一种体育活动方式，目前将体育和旅游结合起来已经成为旅游业发展的一种新型趋势。体育的发展逐渐向多个领域扩展，体育旅游呈现出交叉型和复合型的特点。体育旅游交叉型的特点给体育旅游的定义带来了许多困难，这也是目前对于体育旅游业发展的认识存在较大差异的原因。如果从复合型产业的角度去定义体育旅游就要用动态发展的观点去看待这一新型的旅游方式。体育旅游在不同的发展阶段呈现出不同的特点。近年来，随着体育旅游产业的不断发展和完善，对体育旅游的认识出现了一致性的观点，体育旅游也可以定位于休闲体育旅游或者旅游体育。

二、乡村体育旅游

有学者在研究乡村体育旅游发展的过程中提出乡村体育旅游是在乡村地区进行的、依托乡村地区的自然风光和生态环境、面向城市居民的一种新型旅游形态，它能够集观光、旅游、休闲体育于一身，是一种新型的旅游方式，这种旅游方式能够吸引更多的旅游者，受到更多年轻人的喜爱，达到城乡居民互利共赢的发展局面。乡村体育旅游的发展基于乡村体育项目的开发，能够给游客提供休闲娱乐，帮助人们强身健体，达到释放工作压力和寻求心灵放松的目的。有学者在研究乡村体育旅游发展的过程中，以新农村建设作为研究的基础，认为乡村体育旅游的发展是基于乡村独特的自然景观和乡村特有的农作物生产经营方式，以及乡村的风俗习惯和农耕文化等，

为旅游者提供观光游览、学习等的新的旅游形态。

乡村体育旅游以乡村独特的自然风光与城市形成了非常鲜明的对比，对于长期在城市生活的白领有很大的吸引力。通过上述综合分析，我们可以把乡村体育旅游的概念概括为四个要素：第一，乡村体育旅游主要发生在乡村地区；第二，乡村体育旅游的主要目的是吸引游客；第三，乡村体育旅游作为一种新的经济活动，能够带来一定的经济价值；第四，乡村体育旅游的参与者在旅游的过程中不仅能够强身健体，而且能够放松身心。

乡村体育旅游作为一种新型的旅游方式，兼具体育和旅游两种特征，它还包括三个性质：第一，乡村性。乡村体育旅游不同于城市旅游，从地域看它作为一种社会活动，与城市的旅游截然相反，游客们能够在乡村体育旅游中感受到乡村淳朴的风土人情和独特的自然风光。第二，娱乐性。乡村体育旅游作为体育旅游的重要组成部分，具有强身健体的作用，游客通过观光游览、徒步登山、滑雪、攀岩等活动不仅能够提高身体技能，而且能够放松身心。第三，经济性。乡村体育旅游的目的是发展乡村经济，吸引更多的游客前来参观，游客在乡村体育旅游体验的过程中，通过购买门票参与体育旅游项目及饮食住宿等产品的消费，不仅能够为当地居民提供更多的就业岗位，而且能够带动当地经济的发展。同时，乡村体育旅游中的地方特色还能够形成特色的发展产业链，大型的乡村体育旅游通过举办体育赛事能吸引更多的游客。具有民族性的乡村，区域较为闭塞，传统文化的留存较为完整，对乡村体育旅游的开发不仅能够保护当地的风土人情和生活方式，而且能够在旅游的过程中感受中华文化的魅力。乡村体育旅游的主要目标群体是体育爱好者及怀旧人群，乡村旅游风光能够吸引城市游客，乡村的体育旅游项目能够吸引体育爱好者，两者相结合，不仅能够提高乡村体育旅游资源的知名度，而且能够推动乡村体育旅游的长期可持续发展。

第二节　乡村体育旅游与乡村资源开发

一、乡村体育旅游开发原则及开发现状

（一）开发原则

（1）市场性原则。乡村体育旅游对乡村资源的开发要遵循市场性原则。

要对乡村体育旅游的市场进行调查研究,掌握市场需求和目前同类型产品的竞争情况,根据当前乡村体育旅游的相关资源情况,包括客户资源及场地资源等,进而确定合适的目标场地,通过市场需求变化来满足乡村体育旅游客户的需求。例如,就当前而言,体育旅游越来越受到大众的青睐,那么乡村体育旅游资源的开发就可以偏向于参与性强的体育竞技类项目方向发展。

(2)独特性原则。乡村体育旅游对乡村资源的开发要遵循独特性原则。我国自然资源丰富,农村地区原始化保留程度最高,在乡村体育旅游的开发上应凸显出本地区的特色,根据区位优势,结合气候环境等开发出独特性的乡村体育旅游项目。

(3)效益性原则。乡村体育旅游对乡村资源的开发要遵循效益性原则。乡村体育旅游的重要目的之一就是确保经济利益,所以应该在乡村资源开发的投入上及乡村体育旅游的产出上进行研究分析,确保经济利益的可持续性。

(4)保护性原则。乡村体育旅游对乡村资源的开发要遵循保护性原则。乡村资源具有较高的原生态化,在进行乡村体育旅游开发的同时应确保乡村自然生态环境不会受到不可恢复性的损伤,应做到防止资源和环境的破坏。

(二)开发现状

乡村体育旅游是依靠乡村自然资源建立起来的竞技类的本土化旅游,近年来,随着乡村体育旅游的快速发展,很多乡村地区的资源开发也面临着一些问题,主要表现在以下几点:第一,缺乏整体规划。很多地区的乡村体育旅游开发并没有综合考虑当地的自然资源总量及旅客承载量等因素,缺乏对区域大旅游格局的了解和对小范围游览的整体规划,体育旅游项目也名不符实,导致游客体验差,难以形成良好的业界口碑。第二,安全设施缺乏保障。体育竞技类旅游项目给游客带来了很强的参与性,对设施的安全要求也比较高,但是就当前而言,很多地区仍存在很多的安全隐患,例如场地选在公路附近、没有专业的安保及医护人员、缺乏安全标志牌等,另外在重要的安全引导上也不到位。第三,自然环境破坏严重。农村地区自然环境保护意识较差,在乡村体育旅游资源的开发上也过于注重商业化效益从

而忽视了环境保护,导致当地水源、土地等资源破坏严重。

针对目前乡村资源开发的一些问题,可以采用一些有针对性的解决策略:第一,要重视乡村体育旅游的规划,应该先对需要开发地区的综合情况进行调研,根据当地资源承载量适当开发,合理建设。第二,要重视旅游项目的安全举措。乡村体育旅游项目游客的参与性较强,很多游客缺乏基本的安全意识,所以首先应培训专业的安全引导员,参与前对游客进行安全培训并检查项目各项设施的安全情况,参与中要全程监督游客的参与状况,发现安全隐患应及时终止项目并清除隐患。同时,专业的医疗紧急救助资源等也应该安排到位。第三,在对乡村资源的开发上应严格遵循相关资源保护法律法规,应该在确保当地生态环境不受破坏的情况下进行资源的开发与建设。

二、乡村体育旅游产业化促进乡村发展的具体表现

近年来,随着我国乡村体育旅游行业逐渐兴起,乡村体育旅游的发展涉及多个方面,表现出较强的综合性和关联性,主要表现在为旅游产业提供服务的一些行业,例如,交通、通信、住宿、餐饮、娱乐等,对推动乡村发展振兴起到了重要的作用。

(一)促进相关行业的发展

1. 推动旅游行业的发展和进步

乡村体育旅游是旅游行业的重要组成部分,在形成和发展的过程中离不开传统旅游产业的支撑,乡村体育旅游的发展也是对传统旅游业的发展和完善。传统旅游行业大多是以自然资源为主的观光旅游,具有娱乐、惬意等特征,但是游客的参与性不足,也容易让人产生审美疲劳,缺乏趣味性,在当前社会中难以满足人们追求新奇、挑战自我的需求。乡村体育旅游能让游客参与项目,不断挑战自我,感受体育项目的刺激与新奇,符合当前城市人群的审美观念,同时也弥补了传统旅游的一些不足,使传统旅游行业不断进步与完善。

2. 推动交通运输、通信行业的发展和进步

旅游行业离不开的就是交通运输与通信行业的支持与推动,不管是传统旅游还是乡村体育旅游都存在空间距离,旅游行业与交通运输行业的发

展相辅相成，旅游行业的发展推动了当地交通运输行业的完善，同样，交通运输行业的发展对旅游行业的发展有一定的助推作用。在乡村体育旅游中，与交通运输行业同等重要的还有通信行业，由于很多乡村地理位置偏僻，通信发展较为落后，那么在发展乡村体育旅游的同时必然存在很多制约，要解决这些问题就得倒逼相关部门加大投入不断解决通信方面的难题，保障通信的顺畅，加强旅游者在旅游期间与外地的联系和交往，同时也提高了旅游景点的知名度，可以更好地吸引各方游客参与乡村体育旅游的项目。

3. 推动餐饮住宿、游览娱乐行业的发展和进步

乡村体育旅游与传统旅游一样，给旅游景点的衣食住行各方面都带来了较大的发展机遇，由于乡村体育旅游依赖乡村地区，所以乡村体育旅游行业的发展就带动了乡村地区餐饮住宿及游览娱乐行业的发展，为乡村地区人民增收及多元行业的发展提供了更多更好的机遇。

4. 推动广告、媒体行业的发展和进步

旅游行业属于第三产业，该行业的发展必须依赖广告信息技术行业和互联网媒体行业。由于乡村体育旅游行业看得见摸不着且无法转移，所以只能通过多种手段去宣传从而吸引人们参与其中，所以说，旅游行业依赖广告、媒体行业，同时也助推了广告、媒体行业的进步和发展。

我国乡村体育旅游资源开发潜力很大，但是有很多体育旅游景点并不出名，人们通过各种渠道获知的信息也多是比较知名的旅游景点，这就使得每逢节假日很多著名景点人员承载量超负荷，但是很多乡村体育旅游景点只有部分本地人参与，两者形成鲜明对比。综合来看，主要是体育旅游景点广告及媒体宣传不到位导致的。部分乡村体育旅游景点加大广告投入力度，通过各式各样的促销活动，提高人们的旅游热情。由此可见，乡村体育旅游当前的发展离不开广告、媒体行业的宣传，随着国家对乡村体育旅游的支持与推动，也必将为广告、媒体行业的发展带来新的机遇。

（二）增加外汇收入，促进货币回笼

随着全球经济一体化的进一步发展及交通、通信行业的快速发展，世界各地之间的联系更加紧密。而一个国家经济实力的重要体现就是外汇储备量，扩大外汇收入一般通过对外贸易来实现，与此同时，非贸易渠道的外汇创收近年来也愈加重要。旅游行业是典型的第三产业，每年为我国非贸易

外汇创收提供了重要支撑,其中体育旅游行业在其中的占比呈现扩大趋势,所以说国际体育旅游航线的开发是很有必要的。

乡村体育旅游的发展不仅吸引了国内的人们参与,随着其不断发展与进步也吸引了越来越多的国外友人参与其中体会我国的乡村风情和体育竞技的魅力,这就为我国的货币回笼提供了重要渠道。

(三)拓宽就业渠道,增加就业机会

乡村体育旅游行业属于典型的劳动密集型产业,也是服务型产业,它在满足游客的衣食住行等需求的同时也带动了其他相关行业的发展,为当地的居民提供了更多的就业岗位。提供的岗位主要分为两种:一种是直接的就业机会,就是乡村体育旅游所需要的各种从业人员,这也是直接服务于乡村体育旅游行业的从业人员;一种是间接的就业机会,主要是指乡村体育旅游行业作为一种现代服务业,能够带动其他行业的发展,比如:建筑行业、食品加工业等。

(四)优化促进产业结构

乡村体育旅游行业是社会发展到特定阶段所产生的旅游行为的一种延伸,是人们在工作繁忙之余放松身心、突破自我、追求刺激的一种旅游新型产业。就当前而言,旅游产业在世界范围内都是拥有巨大市场的。

我国农村地区经济环境薄弱,很多农村人员只能从事基本农业劳动或者去外地打工来维持生计,虽然近年来国家实施了乡村振兴战略,但是短时间内成效有限。由于我国幅员辽阔,乡村地区自然资源丰富,特别是体育旅游资源具有得天独厚的优势,再加上农村地区闲散劳动力资源优厚,大力发展乡村体育旅游是实现旅游业兴旺与农村地区经济发展的保障。

(五)改善乡村投资环境,推动乡村经济发展

乡村体育旅游面对的主要客户群体是国内的游客,在后期形成规模化发展具有较高知名度以后,将会着重开发国际旅游航线,届时乡村体育旅游的体育竞技活动将成为吸引国外游客的一张王牌。

旅游是乡村对外发展的重要桥梁,它既能促进我国乡村与城市地区人们的情感交流,又能加强双方之间的了解,增加信任,可以说是乡村地区吸引外部投资的先决条件。乡村体育旅游面对的客户群体比较多样化,这样

有助于乡村地区更好地了解世界。乡村体育旅游还可以进一步提高乡村地区的经济水平,缩小城乡差距。一般来讲,经济较为发达的地区游客较多,对于乡村地区来说,其独特丰富的自然资源可以更好地吸引游客来访,有助于乡村地区经济水平的快速发展。

第三节 乡村体育旅游产业与精准扶贫

一、乡村体育旅游发展与产业扶贫

体育旅游作为一种新型旅游方式,其目的是充分发挥乡村体育旅游资源的优势。体育旅游将体育资源和旅游资源进行深度融合,能够帮助贫困地区尽快实现精准脱贫。乡村体育旅游发展过程中,通过外地人和本地人共同开发旅游项目,不断凸显旅游特色,推动当地体育旅游的发展和基础设施的完善,丰富户外运动和竞赛表演等旅游项目,不断拓宽旅游消费空间,对乡村体育旅游的长期可持续发展具有重要意义。

在2016年国务院印发的《"十三五"脱贫攻坚规划》中首次提出了"产业扶贫"这一概念,产业扶贫的发展要立足当地的自然资源,同时以市场为导向,充分发挥市场、企业和政府的作用,通过建立健全精准帮扶措施来带动新型特色产业的发展。近年来,习近平提出精准扶贫的重要思想,产业扶贫和特色产业的种植作为精准扶贫的思想延伸,是党和人民在长期的实践过程中取得的经验,也是全面打赢脱贫攻坚战的重要举措。2015年6月,习近平在贵州省召开的座谈会中强调,要坚持专项扶贫、行业扶贫、社会扶贫等多方力量、多种举措有机结合和互为支撑的"三位一体"大扶贫格局。因此,产业扶贫在脱贫攻坚中具有重要意义,坚持产业扶贫是实现精准脱贫的重要抓手。体育旅游作为近年来一种新兴的旅游方式,是在市场的影响下出现的一种新业态,是体育和旅游相互融合衍生出来的新型旅游方式,体育旅游作为新型产业发展的重要组成部分,在脱贫攻坚中具有重要意义。体育旅游能够帮助贫困群体顺利实现就业,同时能够带动旅游地经济的发展。体育旅游也是脱贫攻坚大格局中的重要组成部分,在脱贫攻坚这一重大战略中具有重要战略地位。在"三位一体"大扶贫格局的引导下,通过贯彻体

育扶贫、旅游扶贫、产业扶贫等扶贫策略，推动脱贫攻坚取得更大进展。

体育旅游作为旅游行业的一种新型产物，在脱贫攻坚中具有不可估量的作用。调查研究发现，国外在发展体育旅游业中，顺利实现脱贫的例子不胜枚举。比如，法国的一个小镇叫沙木尼小镇，当地的常住居民仅有1.3万人，但每年接待来自世界各地的登山滑雪者和旅游爱好者超过200万人次。旅游业的发展大大刺激了当地经济的发展，当地的居民也借助特色的滑雪旅游顺利实现脱贫。法国的体育旅游业带动当地顺利脱贫的根本原因在于扶贫制度的制定，以及实施了多层次的扶贫规划，这些扶贫规划为我国体育旅游业发展产业脱贫提供了借鉴和思考。我国体育旅游产业以30%～40%的年均速度在增长，体育旅游业的发展后劲充足，发展态势迅猛，为脱贫攻坚工作顺利开展带来了机遇。顺利实现脱贫不光是贫困地区和贫困人口关心的问题，更是党和国家所挂念的问题，体育旅游业的发展已经涉及国家政策层面。近年来，国家也在出台各项政策来实现产业扶贫，为贯彻《中共中央、国务院关于打赢脱贫攻坚战的决定》，将体育旅游资源的价值发挥到最大，深入实施乡村体育旅游产业扶贫工程，发挥体育旅游在脱贫攻坚中的重要作用，2016年国家旅游局牵头制定了《乡村旅游扶贫工程行动方案》。该方案指出，通过乡村旅游的发展带动建档立卡贫困村和贫困户顺利实现脱贫。2018年国家旅游局、国务院扶贫办印发的《关于支持深度贫困地区旅游扶贫行动方案》中指出，要通过实施体育旅游资源规划，加大当地体育旅游的基础设施建设，开发体育旅游精品，通过宣传旅游项目、推广旅游资源、对体育旅游人才加大培养力度及建设体育旅游扶贫示范点等措施来推动当地经济的发展。将体育旅游和产业扶贫上升为国家战略能够加大体育旅游的发展力度，拓展体育旅游的发展深度，体育旅游作为一种新型的旅游在旅游业的发展中具有重要作用，国家政策对体育旅游的发展给予一定的扶持，对于贫困地区来说是实现脱贫攻坚的重要机遇，在国家政策的大力引导下，体育旅游产业的扶贫发展被注入了更多的动力。

二、乡村体育旅游产业扶贫发展面临的困境

近年来，随着乡村体育旅游产业的兴起，乡村体育旅游业为各种赛事的举办和休闲运动的发展提供了平台，在发展的过程中也取得了丰富的经验，

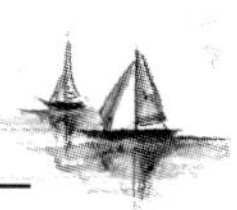

在不断实践和摸索中找到了一条长期可持续的发展道路。乡村体育旅游的客源量和客户规模也在不断增长,同时对于体育旅游项目的定位和盈利模式也更加明确。特别是近年来我国实施的精准扶贫和产业脱贫的政策,在社会效益和经济效益方面初步呈现,但是也存在着一些不足:

(一)定位规划不清

体育旅游的概念至今仍然没有得到明确的界定,体育旅游从内涵和外延上看经常与体育业和旅游业交叉,虽然从产业发展的角度看,近年来,提倡产业融合,但是体育旅游业的功能和定位仍然比较模糊,对体育旅游业本身的定位不清会导致体育旅游业在发展过程中遇到难题。从表面上看,体育旅游业的定位不清是阻碍体育旅游业发展的关键因素,从深层次上看,则是对于产业划分的不明确。在发展体育旅游的过程中忽视对于体育旅游业的深入解读,导致体育旅游业在实际的运作过程中出现问题。体育旅游业缺乏整体的规划和战略布局会导致市场上的不良竞争,这是阻碍我国体育旅游业当前发展的重要问题,体育旅游业发展的弊端必将对产业扶贫的发展造成不利影响。

(二)基础设施落后

体育旅游资源丰富的地区一般在经济不够发达的地区和偏远贫困地区,这些地区的基础设施相对落后,交通不便,通信不够发达,医疗设施不完善,要想发展体育旅游业,必须建设道路,只有不断完善交通网才能够为体育旅游产业的发展提供基本的条件。道路完善之后网络通信也会连接,从而密切贫困地区和外埠地区的联系。互联网的发展能够实现不同区域人们之间的交流,而农村地区由于基础设施比较落后,道路交通、通信设施不够完善,从而阻碍体育旅游业的发展。

(三)贫困人口分散

发展产业扶贫就是通过特色产业的发展为当地贫困群众提供更多的就业岗位。就业扶贫也是实施精准扶贫的重要内容。2018 年年底,我国剩余的贫困人口在2000 万左右,这些贫困人口大部分集中在偏远地区,因此很难通过政府的统一规划实现就业。体育旅游产业作为一种特殊的产业,应当根据体育旅游业的发展进行岗位设置和人员招聘,从目前来看,我国体育旅

游也在发展过程中存在着人才短缺现象,优秀的体育旅游业管理人才和计算机信息技术人才缺口较大,而农村地区由于经济发展落后,信息相对闭塞,村民文化程度不高,这就为体育旅游业输入更多人才设置了屏障。

(四)产业市场同质化

近年来,随着旅游业的发展,居民的旅游热情也在不断上涨,体育旅游业市场出现了"一刀切"的现象,体育旅游业的同质化现象严重。在贫困地区种植的特色农产品大致相同,出现了产品很难畅销的局面,而贫困地区所提供的民宿也缺乏特色,导致无法吸引更多游客。由于缺乏主导产业导致贫困地区种植的农产品没有销路,新建的民宿无人居住,影响贫困群众获得经济收益,也使得脱贫的目标更难实现,而市场的不确定性和同质化的现象也成为体育旅游业发展的阻碍。

三、乡村体育旅游产业发展必由之路——城镇化

西方的工业化进程和城镇化进程,对于我国的城镇化建设具有一定的借鉴意义。我国应该通过实施积极就业的方式推动新型城镇化的建设,并建立现代服务业。旅游业作为现代服务业的重要组成部分,为我国城镇化的发展提供了重要机遇。我国乡村旅游业的发展在城镇化建设过程中具有举足轻重的地位。一方面,城镇化的建设为城市居民游玩休闲度假提供了场所,同时也为农村的劳动力顺利向城市地区转移提供了途径;另一方面,在城镇化进程中,由于农村人口向城市聚集,城市人口中的旅游者通过旅游的方式来参与城乡之间的信息沟通和文化沟通,有力地推动了农村地区的生活方式现代化,促进了当地居民生活水平的提高。农村村民在变为城市居民之后,一方面,有了更多的就业机会,能够在城市中从事服务性行业;另一方面,农村居民也能够成为城市建设的有效推动者和消费者,不断优化我国的国民经济体系,缩小城乡的差距。新型城镇化是推进连片特困区区域发展与扶贫攻坚战略的重要抓手。将旅游扶贫与美丽乡村建设、城镇化建设和城乡环境综合整治等工作进行统筹协调,有利于推进扶贫工作的开展,进而实现乡村体育旅游产业繁荣,达到带动乡村村民脱贫致富的目标。

目前,休闲农业和乡村体育旅游已成为我国新的经济增长点。旅游扶贫以城镇化建设为基础,可以有效地提高旅游资源的开发程度,实现乡村居

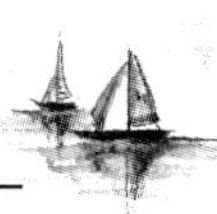

民生活条件的改善和优化。

探索新型城镇化道路下的旅游扶贫开发,对破解中国乡村体育旅游发展面临的困境和打赢扶贫攻坚战具有重要的作用。一方面,可以更好地发挥旅游业在促进乡村经济发展、生态文明、文化繁荣、社会稳定、就业惠民和城乡统筹发展等方面的作用;另一方面,通过科学引导乡村城镇化和乡村体育旅游的规划、建设和可持续发展,实现乡村体育旅游产业的有序健康发展,带动当地农民脱贫致富。

(一)因地制宜地将旅游扶贫开发与城镇化相结合

旅游扶贫开发和城镇化相结合,必须与当地的经济发展情况相吻合,同时,在统一的规划下坚持以政府为主导,多种要素参与,尊重客观规律,按客观规律办事,统筹各种经济要素。城镇化建设的过程中,应当充分考虑当地村民的文化程度和综合素质及当地的体育旅游资源的独特性。在开发体育旅游资源的同时,保护环境,实现旅游扶贫的长期可持续发展。在城镇化发展的过程中,应当不断提高农民的文化水平和专业技能,并增强其生态环境保护的意识,实现体育旅游在保护的过程中合理地进行开发,保留当地体育旅游资源的独特性和完整性,呼吁游客尊重当地文化,不破坏旅游资源。在旅游扶贫开发的过程中,应当重视旅游基础设施的完善,通过充分利用当地旅游资源,并辅之以配套的旅游设施,帮助当地村民顺利实现脱贫致富。

(二)旅游新农村社区建设

在城镇化进程中,发展乡村体育旅游是新农村社区建设及推动城镇化的途径之一。目前我国处在城乡一体化的进程中,在这一进程中应把握住机遇,不断完善乡村体育旅游产业链,强调以乡村体育旅游为主导功能,发展乡村休闲旅游,以乡村田园风光为载体,通过旅游资源的整合及基础设施的完善、民族文化的呈现帮助解决当地村民的就业问题,同时对城中村进行综合改造。旅游对新农村的建设具有较强的推动作用,能够迫使当地村民找到将自然资源转化为生产资源的途径。

(三)旅游综合体建设

旅游综合体的打造是乡村体育旅游扶贫的又一良好的实践形式,应因地制宜地发展体育旅游产业和旅游综合体建设。在城镇化进程中,旅游综

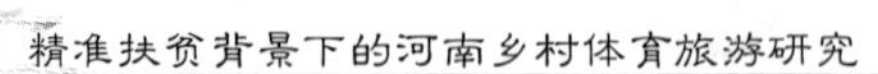

合体是新型城镇化的一种形态,它既不同于传统的旅游景区,又不是居民的住宅区,而是新型社区。这种新型社区位于城乡之间,具有良好的交通条件,能够将城市资源和农村旅游资源进行有效连接,同时将城市的消费能力转移到农村地区,通过对于该地区的土地综合开发和利用实现体育旅游产业的聚集,不断完善相关配套设施,从而形成新型部落化旅游综合体。

第三章

乡村体育旅游与精准扶贫的实现

第一节　乡村体育旅游扶贫的特征

近年来,随着乡村体育旅游的游客数量不断增加,我国的体育旅游产业也面临着重要的发展机遇。一方面,2013 年国务院办公厅颁布的《国民旅游休闲纲要(2013—2020 年)》中指出:到 2020 年基本落实职工带薪年休假制度,大幅增长城乡居民旅游休闲消费水平。纲要的实施为城市职工带薪休假提供了政策支撑,也刺激了我国体育旅游业的发展,带动贫困地区通过体育旅游业的发展实现产业脱贫,让贫困人口享受到我国经济发展带来的效益。另一方面,2019 年《国民经济和社会发展统计公报》显示,全年全国居民人均可支配收入比上年增长 8.9%,人均可支配收入的增长将促使对体育旅游业需求的增加。

我国是一个人口大国,人口基数较大,加上人们休闲时间的增多及可支配收入的增多,我国体育旅游业面临着更大的市场潜力,消费市场的潜力一旦激发就会形成忠实的乡村体育旅游消费者群体,体育旅游也会成为丰富国民生活、提升国民身体素质、提高国民娱乐休闲质量的不可或缺的方式。乡村体育旅游产业的发展为当地经济发展带来效益,为扶贫产业的发展催生社会效益,体育和旅游两种资源深度融合,相互促进:一方面,体育旅游资源的发展为我国脱贫攻坚的顺利进展提供了基础;另一方面,在实施的脱贫

攻坚工作中，精准扶贫政策的落实也为乡村体育旅游业的发展提供了机遇，不断优化体育旅游资源，为体育旅游业的发展提供了更强的动力。乡村体育旅游扶贫的基本特征有全局性——须统筹谋划，全员脱贫致富；精准性——保证旅游扶贫实施过程中少走弯路，事半功倍；针对性——因地制宜，量体裁衣，恰到好处。针对这些特征制定乡村体育旅游扶贫的政策及实施具体的措施，能完成精准扶贫这一时代赋予我们的任务。

一、全局性

乡村体育旅游扶贫是一个整体的、系统的工程，需要各级党委政府及有关职能部门通力合作，才能收到事半功倍的效果，仅仅靠旅游部门单打独斗是很难奏效的。从 2004 年开始，国家旅游局联合国家发改委和国务院扶贫办在全国范围内对 6000 多个产业扶贫县和具备乡村旅游条件的行政村的乡村体育旅游业的发展进行全力推进，以此推动扶贫工作的进展。在行政村中选择 600 个建档立卡的贫困村作为示范村，通过统一的规划，整合各方力量精准扶贫，帮助贫困地区脱贫致富。确定旅游扶贫对象精确，确保到 2020 年全国范围内的扶贫对象一个不漏地全部脱贫。2015 年国家启动了扶贫公益行动，对旅游扶贫试点村进行科学的规划和旅游项目的精心策划，全国 500 个旅游扶贫试点村成为旅游扶贫的示范点。国家旅游局和国家发改委通过明确体育旅游发展的对象，不断摸清贫困地区的实际情况来因地制宜实施精准扶贫，建立体育旅游扶贫动态机制，选取个别贫困地区作为开展乡村体育旅游的示范点，及时总结经验，上报动态。乡村体育旅游依靠乡村群众的共同努力是打赢脱贫攻坚这场硬仗的有效方式。

二、精准性

在贫困地区进行产业扶贫，发展乡村体育旅游业的主要目标是帮助贫困地区实现脱贫。这种乡村体育旅游业与传统的旅游业有所区别，在发展乡村体育旅游业的过程中不能偏离产业扶贫和精准扶贫这一主线，将产业扶贫和精准扶贫作为乡村体育旅游业发展的目标和方向，从而通过发展乡村体育旅游业顺利实现贫困地区摘帽的目的。

以精准扶贫和产业扶贫为主线发展乡村旅游，需要从供给侧结构性改

革方面出发,研究乡村体育旅游在发展过程中存在的不足,制定相应的改进措施。同时在发展乡村体育旅游业的过程中,要明确精准扶贫中的“精准”两字的特定内涵,通过制订针对性和操作性较强的旅游开发方案,根据当地的实际情况,因地制宜,因村制宜,因人制宜,不断完善精准扶贫方案,形成“一村一策、一户一法”,提高帮扶精准度。

乡村体育旅游产业的发展离不开政府的宏观指导,政府应当在产业扶贫发展中积极引导,不断分析乡村体育旅游业的发展效应,选择合适的产业发展模式,通过旅游业的发展,不断完善当地基础设施,增加村民收入。通过深度挖掘体育旅游资源,不断加大对于体育旅游项目的投入,保证扶贫资金的使用精准到位,明确扶贫资金的使用流程,避免出现个人滥用和私自挪用资金的现象,严格规范和管理扶贫资金的使用,提高扶贫资金的使用效率。把乡村体育旅游业的发展与乡村的可持续发展相结合,通过建设美丽乡村来提高精准帮扶的力度。不断提高乡村体育旅游项目公众的参与性,将体育旅游与生态环境保护、休闲度假及探险旅游等融合起来,不断丰富体育旅游项目。在对乡村体育旅游项目营销的过程中要注重方式的灵活多样,乡村体育旅游的发展要以乡村的体育旅游资源和自然风光为主,在营销方式上要通过利用计算机、互联网和高新技术手段向旅游者提供个性化的旅游服务,实现精准营销。“互联网+农产品”可以克服贫困地区因地理位置偏远、交通不便等问题导致的农产品销售困难,扩展销售渠道,还可以针对不同客户需求,改善农产品单一化问题,深化加工,实现多样化、规模化生产,促进农民增收。

三、针对性

乡村体育旅游扶贫是一种具有针对性的扶贫形式。一是针对贫困地区的实际情况,一年四季开展乡村体育旅游扶贫;二是针对扶贫对象的实际情况,按照缺什么扶什么的要求,把扶贫对象拉到发展体育旅游脱贫致富的道路上。乡村体育旅游业的发展必须依托乡村独有的体育旅游资源,在发展体育旅游和当地特色产业的过程中为当地经济发展注入动力,帮助贫困地区脱贫致富,针对扶贫对象的实际情况,实施精准扶贫。一方面,当前我国大部分地区的体育旅游市场的旅游需求日益增长,农家乐和特色游的不断

发展为贫困地区的旅游资源开发带来了新的机遇。例如:红色文化的发祥地山东泽水作为七门文化的见证地,旅游业的发展从无到有;陕西省安康市依托陕西省独特的区位优势,通过探索乡村体育旅游与产业扶贫结合的新途径,为当地的贫困群众找到了脱贫致富的门路,当地贫困村变成了当地首屈一指的富裕村,不仅带动了当地经济的发展,而且带动了整个区域的经济发展,成为精准脱贫的典范。另一方面,贫困地区由于基础设施较为落后,在体育旅游项目开发方面难度较大,因此在开发体育旅游项目的过程中,通过合理利用外来资本不断丰富体育旅游的旅游项目,对于引进的企业给予一定的税收优惠和政策优惠,充分利用外来资本和技术及管理手段发展特色旅游业。在我国体育旅游发展过程中存在着一个共性问题——旅游项目的开发者和旅游项目的经营者都不属于贫困人员,而需要帮扶的贫困人员往往不具有旅游资源的开发能力和管理能力,因而基本上得不到旅游收益,从而达不到旅游扶贫的目的。所以有针对性地、因地制宜地开发特色旅游,使本地区传统特色产品和传统制作工艺进一步融入当地特色旅游产品链,将贫困地区旅游资源转化为旅游资本,才能实现旅游扶贫的目的。

第二节　乡村体育旅游扶贫制度设计与模式分析

一、乡村体育旅游扶贫利益机制

利益机制是指调整乡村体育旅游扶贫开展过程中各行为主体的利益分配关系,合理界定国家、企业和村民三者的利益,优化乡村体育旅游扶贫开发的收益结构和分配结构的功能体系,是乡村体育旅游扶贫机制的基础。近年来,随着乡村体育旅游产业的兴起,乡村体育旅游业为各种赛事的举办和休闲运动的发展提供了平台,在发展的过程中也取得了丰富的经验,在不断实践和摸索中找到了一条长期可持续的发展道路。乡村体育旅游的客源量和客户规模也在不断增长,同时对于体育旅游项目的定位和盈利模式也更加明确。特别是近年来我国实施的精准扶贫和产业脱贫,在社会效益和经济效益方面初步呈现。由于乡村体育旅游扶贫开发结构的多主体性、多层次性,乡村体育旅游扶贫的利益机制也存在多主体性和多层次性。在乡

村体育旅游扶贫的过程中,要注重当地政府、旅游企业经营者、广大村民之间的利益分配。现实中,旅游能够造福的贫困地区,最大获益者是开发商和当地少数掌握资源的居民;且部分地区割裂了“旅游”与“扶贫”的联系:引进外来劳动力“替代”扶贫人口,当地贫困居民只有极少数作为廉价劳动力,从事低收入工作。非普惠性旅游开发反而有可能加剧贫困地区的贫富收入差距。因此在乡村体育旅游扶贫开发的过程中,要注重利益机制的设置,充分调动企业、职工、生产经营者的积极性,尽可能地实现相对公平,发挥旅游扶贫效果。总的来说,乡村体育旅游扶贫利益机制主要包括利益分配机制、利益监督机制、利益补偿机制、利益调节机制等。

(一)利益分配机制

世界旅游组织1999年制定了《全球旅游伦理规范》,并在该规范中提出了对旅游景区开发中利益相关者的界定,通俗来说,乡村体育旅游发展的利益相关者主要包括当地政府、旅游企业、当地村民、旅游者及当地生态环境和社会文化环境等。

乡村体育旅游扶贫的利益分配机制,是根据利益相关者具有不同的行为目标决定的。各利益相关者在利益分配的过程中,为了实现自身利益的最大化,同时满足、实现多方面利益相关者的利益诉求,处理好利益均衡分配,保障乡村体育旅游的可持续、稳定发展,必须将利益相关者纳入规划和决策过程,建立合理、有效的利益分配机制。

首先,应明确各利益相关者的角色、定位。各利益相关者的角色、定位是指在乡村体育旅游的开发过程中,各利益相关者明确自己的利益主体和责任,做好自己的本职工作,不越权干涉其他利益主体。例如:政府部门主要担负其协调、引导、规范乡村体育旅游开发的责任,制定相应的旅游开发规章制度,不能随意干涉旅游企业和村民开发、经营旅游等活动,不能随意干涉旅游企业的利润分配;旅游企业应当主动承担其应负的社会责任和环境责任,主动为当地村民提供就业岗位和机会,做好环境保护规划并落实环保措施;村民应主动参与乡村体育旅游开发,通过实物资产、资金、技术、劳动等多种形式入股旅游开发,或自行经营旅游相关服务业态,广泛参与旅游开发与决策。

其次,应明确经济利益和非经济利益的合理分配。利益相关者的矛盾

主要集中在经济利益的分配上，乡村体育旅游扶贫开发的经济利益是通过打造旅游吸引物和旅游服务获得的，主要包括门票收入、经营收入、销售收入（旅游商品销售、旅游用品销售）、服务收入（餐饮服务、住宿服务、娱乐服务、交通服务）等方面。非经济利益则是指在乡村体育旅游扶贫开发过程中产生的就业机会、决策参与权、项目经营权等无形利益。经济利益和非经济利益能否进行合理分配，将直接影响各利益相关者参与乡村体育旅游开发的积极性和主动性。实现两者的合理分配，需要从产权界定、股份制经营、规章制度等方面进行，保障政府、企业、村民等都能在旅游开发中按照所持股份获取相应的利益。

最后，设立乡村体育旅游发展公益基金和公积金。为了保证贫困居民在旅游开发中获益，尽可能实现利益分配的公平性，应将乡村体育旅游扶贫开发的收入划拨出一部分乡村体育旅游发展公益基金和公积金。公益基金的一部分，用于乡村进行平均分配；另一部分用于资助贫困户进行旅游创业，搭建乡村体育旅游发展教育培训体系。公积金主要用于改善乡村的旅游基础设施和生态保护。

（二）利益监督机制

乡村体育旅游发展的利益监督机制设立的目的是对各个环节进行有效的监督和管理，进而平衡乡村体育旅游发展所带来的社会、经济、环境效益，变不利因素为有利因素，争取利益相关者的最大支持。乡村体育旅游发展的利益监督机制主要包括以下三个方面的内容。

一是村民监督机制。在乡村内部，成立由村民组成的旅游发展协会，对旅游经营企业的旅游规划、旅游决策、旅游经营行为和政府部门的管理行为进行监督，确保其决策、决定符合乡村体育旅游发展、当地经济文化发展的长远利益。

二是政府监督机制。政府部门通过对旅游企业的经营、开发行为进行审批、核查来监督其行为。政府部门和旅游企业存在不同的目标，政府在发展旅游时要兼顾当地经济、文化、生态全方位的协调发展，旅游企业一般追逐自身经济利益的发展。政府部门对旅游企业既要加强资源、技术等方面的合作，同时也应出台相应的制度制约其不良行为。

三是环境保护监督机制。旅游的发展必然带来对自然环境和人文环境

的影响乃至破坏,必须建立有效的环境保护监督机制对乡村环境进行保护。乡村体育旅游扶贫开发必须把环境保护、资源保护放在首要位置,必须充分考虑环境的承载量,不能为了追逐经济利益忽视对环境的保护。在环境保护监督方面,应由当地环保部门、旅游开发区域村民、旅游企业派出代表组成环境保护监督小组,对乡村体育旅游的环境质量进行有效的监督和评估,建立环境影响责任制,出台旅游开发资源保护导则,采取“谁污染谁埋单,谁破坏谁治理”的基本原则,必要时提出整改措施,向相关企业和单位进行追责、问责。村民组成的旅游发展协会也应承担起相应的环境保护监督责任。

(三)利益补偿机制

随着乡村体育旅游的不断发展,利益相关者利益分配不均导致了许多矛盾冲突的发生。只有对利益分配不足的利益相关者进行相应的利益补偿,才能保证乡村体育旅游扶贫的可持续发展。对当地居民的补偿,从本质上说,是旅游经营者、旅游服务提供者与当地村民及其他收益主体间的一种基于交换的支付行为,利益补偿机制的有效运转,可以促进旅游收益在各利益相关者之间的合理分配,有利于乡村体育旅游扶贫的开展与实施。根据“开发者付费,受益者补偿,破坏者赔偿”的原则,对当地政府、旅游企业及其他旅游经营者的行为进行规范,并对当地村民进行资金、技术、实物上的补偿和政策上的优惠。建立合理的乡村体育旅游发展的利益补偿机制主要包括以下几个方面。

一是建立经济收益补偿制度,充分利用市场进行调控。乡村体育旅游开发过程中,征用村民的宅基地和农用地,应按照相关法律法规的规定进行补偿,并解决好农民土地被征用后的安置问题和生产生活重建问题。征地补偿主要包括土地补偿费、安置补助费、青苗补偿费等三个方面。但在乡村体育旅游开发的经济补偿的过程中,应充分考虑土地区位、供求关系、社会经济发展水平等各方面因素,采用货币补偿与房屋产权置换的方式,保障乡村体育旅游发展中失地农民的长远生计。对于旅游企业,政府应通过税收、政策优惠等方式予以支持,提供包括土地、温泉使用税、资源补偿税等方面的优惠。

二是采用多样化补偿方式,发挥其多种手段作用。除上述提到的货币补偿、房屋置换补偿等方式外,在注重当地村民长远发展的基础上,将政府

补偿与民间补偿相结合，由政府和企业共同补偿村民的损失；将直接补偿与间接补偿相结合，除直接的现金补偿外，为村民提供培训、就业机会等间接的补偿；将连续性补偿和一次性补偿相结合，在保障村民基本生活的基础上，持续地给予赞助等非现金补偿，通过奖励机制激励村民的积极性；将政策补偿与技术补偿相结合，为当地村民提供发展旅游的优惠政策，辅之以相应的技术帮助，鼓励其投入乡村体育旅游的发展。通过上述方法手段，不断促进乡村体育旅游扶贫开发的可持续性。

三是建立补偿监管机制。在乡村体育旅游扶贫发展的过程中，应注重对补偿机制的监管，出台相应的监管条例、规章，明确乡村体育旅游发展中的利益补偿的对象、范围、方式和标准，确保乡村体育旅游发展中利益补偿给村民带来实质性的帮助。在补偿监管机制设立的过程中，要注重对其操作性、规范化的评估，既要加强旅游企业的自觉性和自律性，同时也要监督政府部门对相应资金监管的有效性。

（四）利益调节机制

在利益调节机制的设置方面，应当发挥政府的主导作用与市场的主体作用，并对两者进行综合协调，进而实现多方利益相关者的综合平衡，保障市场经济下的乡村体育旅游扶贫开发的利益分配秩序。在利益调节的过程中，应坚持权利本位的原则，秉承利益协调的原则，在保障各利益相关者合法利益的基础上，通过竞争、合作等方式实现制度的规定，保证每个利益相关者都有参与旅游发展、受益的机会。

一方面，政府部门规范乡村体育旅游经营者的行为，通过建立完善的信息收集、交换体系，打破信息不对称的局面，保障乡村体育旅游扶贫开发中村民的合法权益，如资金、政策、技术补偿等；另一方面，构建包括政府、企业、旅游者、村民在内的多中心共同治理模式，成立利益协调议事机构，在突出强调利益主体多元化的同时，确保各利益相关者沟通交流、共同参与、相互合作，保障多方利益的有效实现，实现多方利益的制约平衡。

二、乡村体育旅游扶贫模式

我国有关旅游扶贫的研究始于20世纪80年代，经历了起步阶段、初步发展阶段与迅速发展阶段，而对于乡村体育旅游扶贫模式已经有一定的归纳。根据不同的划分标准,乡村体育旅游扶贫模式可以分为不同的类型。

(一)根据主导主体划分

按照不同的乡村体育旅游扶贫主体,乡村体育旅游扶贫模式可以分为政府主导型开发模式、国际援助型开发模式、社区参与型开发模式、景区带动型开发模式等。

政府主导型开发模式是指由政府出面进行有效的组织、协调及管理各项旅游资源,通过制定产业政策或者规划各种战略等方式进行参与的模式。依据政府参与的程度,又可以划分为政府完全主导型与政府有限主导型。在政府主导型开发模式中,政府的主要作用表现在两个方面:一方面是引导,主要是加大政策的引导力度,包括引入土地、金融、财政等方面的便利政策,减少审批阻力来积极引导旅游开发的方向,并开放限制、鼓励更多的社会资本参与;另一方面是支持,主要体现在配套设施与其他硬件设施方面,政府采取一定的"输血式"措施进行协助,通过加大开发区域的基础设施建设力度,包括交通、通信及服务业资源的建设,消除旅游发展的硬件障碍。

国际援助型开发模式是指由国外政府提供技术、资金及培训等旅游外援项目,一般由两方政府合作共同进行的旅游扶贫模式。这种类型的开发模式也需要一定的政府参与,推进合作项目的顺利进行。

社区参与型开发模式是指由贫困社区化被动为主动的旅游扶贫模式,是由"输血"到"造血"的一种转换模式,有利于保障当地居民的利益,通过旅游乘数效应拉动整体经济的发展。这种类型的开发模式需要当地居民的认知与参与,在注重自身利益的基础上也可以更好地加强当地社区的参与感,是一种行之有效的旅游扶贫模式。

景区带动型开发模式是指以目前已有的成熟景区品牌为依托,利用其品牌效应拉动当地周边贫困区发展的模式。通过合理规划设计,此种模式可以延长游客旅游线路、增加游览内容、提高可玩性,同时实现景区和贫困社区的协同发展。通过时间上和空间上的延伸,扩展旅游服务链和旅游产业链,实现区域旅游资源综合开发。

从参与主体角度看,不同的主体在参与强度与参与效度中存在一定的区别,不同的参与主体都给当地提供了就业机会,也提供了大量的基础设施,但由于其代表的利益不同,各自存在一定的优缺点。其中政府主导型的

控制强度最大，具有其他主体无法比较的优势，但在实施过程中，由于其地位的特殊性，也存在权力寻租等损害当地其他利益相关者的行为，同时也存在着过分重视经济利益而忽略社会与环境利益的行为。国际援助型旅游扶贫开发模式可以利用国际先进的理念与资金进行当地旅游的开发，在开发过程中，对生态环境的保护与公平性更为重视，能很好地保护当地居民的个体利益，但在开发中对经济性与效率方面重视不足。社区参与型开发模式的核心是保障当地居民的利益，激励当地居民对自身利益主体的认知，实现主体完全由社区自己控制，一方面有利于减少外来经营者的加入，能够更好地保护当地居民的经济利益；另一方面，也可以提高当地居民对旅游环境的重视，可以更好地实施可持续发展的原则，但其中也存在一定的弊端，尤其在参与的层次方面，大部分的社区都采用了较为低级的劳动力参与方式，对于参与的具体内容当地居民无法深入了解，往往流于形式，最重要的是缺乏专门的机构去引导与监督社区参与的实现。景区带动型开发模式以景区作为开发主体，在提供经营条件、建设相关基础设施方面具有先天优势，但在解决当地居民就业方面有一定的局限性，并会提高当地的物价水平，不利于当地经济的发展与社会的稳定。

（二）根据开发方式划分

按照开发方式划分，乡村体育旅游扶贫模式可分为粗放型与精准型。

粗放型开发具有规范性强与开发模式固定的优点，几十年的经验积累为乡村开发提供了众多模板与依据，无论在资金还是标准化方面，都具有一定的优势，但在旅游开发的精准度与效益方面存在一定缺陷。

近几年来，随着我国贫困率的不断降低，脱贫工作转入一个新的阶段，贫困人口的转化与贫困工作的精准化成为工作的重心。习近平总书记于2013年在湘西考察时提出了“实事求是、因地制宜、分类指导、精准扶贫”的总方针，并于年底发布了《关于创新机制扎实推进农村扶贫开发工作的意见》，其中提出了精准扶贫的工作机制，我国有关扶贫的方向彻底由粗放型转向精准型。作为扶贫的一部分，旅游扶贫也转向更具现实意义的旅游精准扶贫，无论是方式、对象还是路径都有了新的变化。

精准，即把扶贫对象落实到户到人，根据不同贫困地区的实际情况，利用行之有效的方式、方法进行扶贫旅游活动的开展与管理。目前作为旅游

扶贫对象的人口多为深度贫困人口，由于所在地区的地理位置、经济条件及劳动力问题引起难以解决的贫困，一般的旅游扶贫模式很难推进，需要采取更为科学有效的扶贫方式，在这个实践中，达到“真扶贫”和“扶真贫”的最终效果。这类型的扶贫模式具有针对性强与效果直接两个优势，但在进行扶贫识别、扶贫管理方面还存在操作方式、方法欠缺的劣势。

（三）根据开发对象划分

按照不同的开发对象，乡村体育旅游扶贫模式可以分为原生态开发模式、特色文化开发模式、生态农业开发模式等。

原生态开发模式是以可持续发展为指导，对生态资源相对丰富的贫困地区进行原生态旅游开发的模式，这种模式存在于相关资源禀赋较高的地区，以可持续理念为指导，使得整个贫困地区参与进来，达到思想与经济上的双重脱贫。特色文化开发模式是以相应的民族文化、民俗风情、宗教信仰等资源进行旅游开发的模式。生态农业开发模式是在农业生产的大前提下，利用农业本身及农村景观等吸引旅游者进行旅游活动的开发模式，通过对农业旅游项目的打造，实现农业与旅游的有效对接，具体形式包括农家乐、农村体验旅游等。

（四）根据特殊性划分

除了以上三种划分方式下的旅游扶贫模式外，还有其他基于不同原因形成的特殊旅游扶贫模式，例如国家集中连片特困地区旅游扶贫开发模式、网络复合治理模式、RHB 模式等。其中，国家集中连片特困地区旅游扶贫开发模式是以对常规扶贫手段和经济办法都难以起效的连片特困区域的旅游资源为开发对象，把旅游发展和扶贫工作结合起来，以改善当地生活质量和水平为目的的旅游合作开发。具体手段有政府主导、依托资源、社区参与、企业带动、对口互助等。我国有十四个连片特困区，由于各地的实际困难和特殊情况，具体开发时更多的是利用当地所有的可用资源进行有针对性的开发设计和支持。网络复合治理模式，是指利用从市场体系到官僚机制等的多种形式，通过正式或非正式的社会管控规则把不同于政府的其他各个利益相关者，深度引入网络综合治理以更好地实现目标。具体到旅游开发，是指景区的各方面管理机构与当地旅游局合并后进行非企业型治理，合并后的主体既作为景区所有权代表，又是景区经营主体。

第三节　政府主导下的体育旅游扶贫模式分析

近年来,不少贫困地区通过发展体育旅游业成功实现脱贫,从不同视角考察贫困人口的受益与体育旅游扶贫模式有很大关系,例如:在体育旅游扶贫发展中能否将贫困人口的受益与旅游开发效益相结合,提高贫困人口体育旅游的参与度,通过合理的利益分配机制等保障贫困人口在体育旅游扶贫模式中的利益。本节对目前政府主导下的体育旅游扶贫模式进行分析,以期为完善我国体育旅游扶贫模式提供借鉴。

一、政府主导型模式

(一)政府主导模式结构

目前我国的体育旅游作为一种新型的旅游模式正处于开发阶段,政府对体育旅游业的干预程度较高,在大多数贫困地区,政府在体育旅游扶贫中起主导作用。在开发乡村体育旅游项目中,政府一般通过政策支持和对旅游资源进行整体规划开发本地区的旅游产业链、建立旅游专项资金、协调各要素之间的关系等行为来推动体育旅游业的发展,帮助当地贫困群众实现脱贫。目前政府主导的体育旅游模式主要有吸纳参与型和自主参与型两种。

1. 吸纳参与型

吸纳参与型模式,政府在这种模式中处于主导地位,负责整个乡村体育旅游项目的规划、建设、营销、管理等多个方面,村民处于从属地位,此种模式适合我国大部分贫困地区。调查研究发现,政府主导的吸纳型社区参与模式,不仅能够充分发挥当地的自然资源优势,而且能够实现社区文化的进一步发展。

2. 自主参与型

自主参与型模式通常是在乡村体育旅游发展进入稳定时期后采取的一种模式,这种模式是通过政府对旅游资源的开发进行监督和引导,而社区力量是自主参与的主要力量。在旅游市场进入成熟期后客源市场往往比较稳定,景区的营销策划和宣传会帮助旅游景区形成一定的知名度。社区居民的参与能力和参与水平也有所提高，加上社区居民本身具有一定的经济基础，政府能够对社区的发展进行一定的指导和监督，包括旅游市场的规范、旅游政策的制定和旅游措施的管理、基础设施的改造和完善，以及旅游景点的宣传等方面。对于社区的文化及社区的营销策划等方面，需要由社区专业人员完成。社区人员在自主参与型发展模式中处于核心地位。这种模式能够调动社区居民的主动性和积极性。

（二）乡村旅游扶贫中政府行为调整与思路优化

1. 加强基础设施建设

各级政府应深化认识，形成通过发展乡村体育旅游来实现脱贫的共识。各级政府应当认识到发展乡村体育旅游是实施精准扶贫模式的创新之举，是推动社会主义新农村建设和建设美丽乡村的重要举措，是推动区域间文化大繁荣大发展的重要力量，是推动我国传统旅游业转型升级的重要抓手，有利于建设我国自身独特的旅游品牌。同时，政府应当认识到，只有旅游资源能够充分吸引游客，才能称之为合格的旅游资源，才能凭借其开展乡村旅游，并创造经济效益。一般的乡村体育旅游产品是以近程客源市场为主，吸引远程游客的产品必须在全国具有独特性。因此政府应在贫困地区加大基础设施建设力度，投资重点解决道路畅通、污水排放、环境整治、牲畜集中养殖、旅游导览、安全指示牌等问题，提升乡村体育旅游活动的便利性、清洁性和安全性，全面改善乡村体育旅游发展环境，完善旅游公共服务体系，使周边城市居民能够便利地进入，且能停留过夜，以扩大经济效益。

2. 全面设计扶贫战略

政府在考虑扶贫战略的时候不能只着眼于扶贫本身，要从整个经济和社会发展的大背景来思索扶贫战略。对扶贫战略的设计要从长远和大局出发，从我国经济发展总体态势看，旅游业在国民经济发展中所占的比重不断提升，旅游业在为贫困地区和贫困人口带来经济收入的同时，对于国内生产总值的贡献也在逐年增大。因此，未来的扶贫战略必须从旅游产业着手，通过开发乡村旅游产业，帮助贫困地区实现脱贫。因此，在贫困地区将旅游发展成为一种产业，形成完善的产业链条，能够有效且长期地为贫困地区带来经济效益，创造大量的就业机会，缓解贫困地区劳动力的就业压力和生计压力。有些贫困地区的自然和人文资源是很有特色的，在这些地区进行旅游

扶贫开发不仅能为当地带来经济效益，反过来，也会促进旅游业的发展进入一个新阶段，也可能产生一种全新的旅游方式。但是如果旅游扶贫体系不完善，不仅不能起到脱贫的作用，还将加剧贫困问题，因此，政府要从旅游产业的角度妥善思考旅游扶贫战略。

3. 科学严格规划

政府应站在统筹区域经济社会发展、调整优化产业结构、建立农民增收长效机制的高度，在理顺贫困地区乡村体育旅游与全市和周边地区旅游产业竞争、合作、互补关系的基础上，联合扶贫、住建、民宗、农业、林业等部门，高起点、高规格编制针对性、可持续性、可操作性强的乡村体育旅游规划，并对规划的执行进行严格监督。各级政府应该承担相应的责任，为人民负责，为国家负责，要把乡村体育旅游扶贫提上议程，不能纸上谈兵，要把它当作一项事业来完成，将规划落到实处，带领贫困地区人民发挥自身的资源优势和劳动力优势，早日实现地区发展，早日脱贫。

4. 引导非农就业

政府应对当前社会发展趋势有一个清楚的认识，随着乡村体育旅游的发展，未来农村的劳动力资源会逐渐向农村非农业区进行转移。从旅游业发展的现实情况看，就当前我国农村的发展状况来说，贫困地区人民的收入主要依靠农业的发展。尽管如此，中国未来贫困地区想要顺利实现脱贫，必须降低农业在贫困群体收入构成中的比重。贫困地区的扶贫干部应当清醒地认识到，在贫困地区只有发展劳动密集型的乡村旅游产业才能帮助贫困地区尽早实现脱贫。大力创造条件和积极引导贫困劳动力的非农就业，是解决贫困地区劳动力就业及带领贫困地区人民早日脱离贫困的一项重要举措。

5. 推动旅游人才培养

实施教育扶贫是政府在扶贫项目中需要重要考虑的因素。目前我国贫困地区普遍存在着人口素质较差、村民文化水平较低这一现实问题。村民的综合素质影响该地区旅游扶贫资源的开发，影响居民收入的提高，而贫困地区由于经济发展较慢，导致贫困地区儿童的入学率较低，低入学率导致文盲率的上升，也意味着下一代贫困人口正在逐步形成。因此，政府应当加大对旅游人才的培养力度，加大对农村人力资源的投入力度。首先，政府要加

大对于贫困地区的基础教育的投入力度,重视教学质量,完善学校基础设施和硬件设施,加强扫盲和失学儿童救助的工作,全面提高贫困地区人口的综合素质。其次,政府应加大对于贫困地区教育方面的投资力度,对贫困地区的贫困人口进行转移就业培训,帮助贫困人口掌握就业技能。最后,政府应当与市场进行对接,加强对贫困人口技术的培育,提高当地乡村体育旅游资源的开发利用效率,不断提高乡村体育旅游从业人员素质,规范从业人员行为。在推进乡村体育旅游扶贫的过程中,可以采取特殊的支持措施(如减免贫困地区旅游专业学生的在校费用、提供旅游定向就业),以保证旅游人才能够支援贫困地区。

二、其他体育旅游扶贫模式

(一)项目带动模式

项目带动模式是指通过提高贫困人口参与的程度来推动乡村休闲体育旅游的建设。项目带动型体育旅游扶贫模式工作框架要有完善的组织结构,通过政策支持、资金投入、人才培养、就业扶持等多方面不断提高贫困人口的综合素质和自我发展能力。项目带动模式适用于具有良好的生态环境和独特的风俗习惯及贫困人口众多的区域。如吉首市通过生态补偿脱贫工程推动生态休闲旅游村建设。

(二)景区帮扶模式

景区帮扶模式是指通过景区的自然资源开发来带动当地村民实现脱贫致富。这种模式通常是在旅游资源丰富的地区,以及旅游开发前景较好的地区,充分利用当地景区的知名度和品牌效应不断扩大客源市场,带动周边景区的建设,从而达到旅游景区的产业化发展。景区帮扶模式就是通过对景区的管理部门的科学统一管理,并充分考虑到景区周边社区居民的生活状况和就业情况,帮助景区及周边地区居民实现脱贫致富,最终实现景区和周边地区协调发展的局面。

(三)公司与农户合作模式

1.“公司+农户”模式

“公司+农户”这种模式是指公司和农户通过直接的合作来开发体育旅

游产品，公司负责体育旅游产品的开发、经营和管理，农户参与体育旅游产品开发的全过程。云南的西双版纳傣族园区就是采用“公司+农户”的发展模式，公司在前期提供资金和技术帮助当地居民实现就业，当地居民则为公司的发展提供人力和智力支持，公司对于当地农户的培养通过制订一系列的培养计划，提高农户的综合素质和专业技能，增进农户对于公司的了解，以及对于旅游开发业的认知，为实现这一合作模式的长期发展奠定良好基础，这种“公司+农户”的合作模式不仅能够提高公司的经营管理能力，也能够充分利用当地的剩余劳动力，带动当地经济的发展，逐渐完善当地的体育旅游开发项目，让游客体会到丰富多彩的体育旅游活动。

2.“公司+社区+农户”模式

在这一模式中，公司与农户通过社区这一中介进行合作，而社区通常是指当地的村委会和居委会。农户通过当地社区的村委会参与体育旅游资源的开发。在这一模式中，公司通过社区对农户的旅游知识、接待能力进行专业的培训，制定相关管理规定，规范农户的行为。这种模式不仅保障了公司的权益，而且维护了社区和农户的利益。比如，湖南省浏阳市的乡村旅游在开发的过程中，公司负责旅游项目的总体策划，村委会形成专门的机构来传达公司的决定并协调公司和农户之间的工作，而农户则按照社区所传达的规定，做好旅游接待服务工作。这种模式能够充分发挥公司、社区和农户的优势。在对于体育旅游项目的选择、客源市场的开拓、技术的提供和信息的获取等方面社区居民作为当地的土著居民对体育旅游资源和当地环境有更深的了解，在当地乡村体育旅游项目的开发中具有不可或缺的作用。

第四节　乡村体育旅游扶贫的实现路径

一、乡村体育旅游扶贫项目选择

（一）乡村体育旅游扶贫项目选择的可行性分析

乡村体育旅游扶贫项目选择在整个乡村体育旅游发展过程中具有重要作用，内容涉及选择合适范围与合理结构的贫困地区，并根据其资源情况进行方向的选择。这既是有效开展扶贫工作的前提，也是提高旅游扶贫效率

的需要。

乡村体育旅游扶贫项目选择的可行性分析因素主要体现在旅游资源分析、贫困人口受益分析、政策可行性分析与市场效益分析等方面。

在旅游资源分析中，资源的禀赋，包括容量和质量是分析的重点因素，无论是人文旅游资源或是自然旅游资源，其禀赋决定了未来的开发潜力。除此之外，旅游资源还应考虑周边的区域可利用性，最大限度地利用大环境进行项目的拓展。在贫困人口受益分析中，主要考虑项目开发对产业链的拉动性与劳动力解决的问题，对劳动力解决的深度和广度进行预估，评估其所涉及的贫困地区实际受益情况。在政策可行性分析中，主要考虑其所存在的政策性大环境，包括政府财政支持、政府开发政策及政府的贫困扶持策略等。在市场效益分析中，主要考虑开发对象的市场化可能性与开发效益、未来的收益与开发成本、开发商的项目开发收益等。

进行乡村体育旅游扶贫项目选择的可行性分析，目的在于对项目进行前期的估量与市场准备，是实现旅游扶贫路径不可缺少的环节。旅游扶贫在经济目的、社会目的与环境目的方面具有自己的特殊性，进行相应的针对性的筛选可以避免出现旅游飞地的现象，从开发伊始就将开发对象的利益考虑进去，并且在资源方面，通过可行性分析，避免出现产品雷同、与市场脱节的情况。

（二）乡村体育旅游扶贫项目的目标选择

具体到扶贫项目的目标选择，内容涉及贫困地的旅游资源和人口脱贫两个方面。

资源选择方面，扶贫旅游开发涉及相关旅游资源与其他相关社会资源。旅游开发项目要具备一定的科学性与高效性，注重规划与开发，充分利用当地的各种资源，充实旅游业态，完善旅游产业链，积极遵守与利用各项政策要求，选择资源禀赋和周边交通等基础设施条件相对比较好、旅游潜力大的乡村，充分发挥当地的旅游竞争优势。同时，也要注重旅游地的其他公共设施与社会资源的保护与开发，最终达到环境效益、社会效益与经济效益的统一。

脱贫人口选择方面，需要考虑贫困问题产生的根源及贫困人口的脱贫方式。贫困问题产生的根源主要包括经济与心理两个方面。在经济方面，

作为贫困地区,本身就存在产业落后与结构不合理的问题,无论是产品生产、收入水平或是就业方面都不尽合理;在心理方面,贫困地区的居民与周边地区居民之间存在一定的落差,这种不平衡会进一步导致贫困的恶化与社会矛盾的激化。因此要实现脱贫,必须从这两个方面入手。在目标选择的具体工作中,主要考虑以下几点:第一,村组织村干部力量较强、有创业致富带头人的贫困村;第二,围绕成熟景区和成熟线路集中的贫困村,能与现有旅游资源和市场资源连成一体的地区作为优先选择目标;第三,综合考虑中央及地方政府编制的旅游扶贫规划,选择可行的乡村体育旅游扶贫项目。

二、乡村体育旅游扶贫产业链的开发

(一)乡村体育旅游扶贫产业链概述

产业链本身聚集着上下游之间的结构与利益关系,基于产品、服务及信息等进行链接,从而使产业的不同部门与企业之间产生一定的关联,形成完整的链条。产业链的认知存在于产业经济学,最早可以追溯到经济学产生之初,基本原理来自于社会分工的大前提,通过市场交易的作用不断深化,主要通过价值链、企业链、供需链和空间链四个方面对产业价值的分割共同形成,四个维度共同作用,共同构成产业链的大体系。其价值主要来自于内部产业链的链接与外部产业链的延伸。内部产业链主要从生产、财务与人事等部门进行链接,外部产业链主要从产业上下游进行拓展,通过多部门的整合与协同,从微观与宏观方面进行产业的价值提升。

旅游产业链理论来自于产业链的理论,基于旅游产业的特殊性,旅游产业链具有自己的特点,目前有关旅游产业链的研究,大部分集中在价值链的末端。具体的划分主要基于旅游产业的两个特点,一个是旅游产品生产与消费的同一性,一个是旅游产品消费的无形性。这两个特点让旅游业的产业链无法像其他产业链一样从上游资源开发到中间产品到最终进入消费市场,旅游产业链的特点是无处不在的消费性,食、住、行、游、购、娱都直接面对消费者,并且其生产与消费都具备一定的无形性。

具体的旅游核心产业链主要包括旅游资源规划开发、旅游产品生产、旅游产品销售与旅游产品消费四个阶段。另外,由于旅游产业的关联性较强,基于不同相关性与关联性,其延伸与相关产业较多,具有较宽泛的产业链。

乡村扶贫旅游产业链是基于旅游产业链与扶贫旅游需求两个部分形成的特殊产业链，在旅游产业链的基础上有一定的特点，既要注重产业链的经济效益，又要注重困难问题的解决与生态环境的保护。在产业链的经济效益方面，保证贫困人口的价值分配。在产业链的延伸环节，要注重当地的旅游漏损现象。乡村扶贫旅游产业链除了价值创造，更注重的是其对当地经济的拉动性与贫困人口的收益提升。

（二）乡村体育旅游扶贫产业链发展现状

我国乡村体育旅游扶贫工作自20世纪80年代开展到现在已有三十多年，产生了一定的经济效益，但在价值分配、产业链开发、核心企业和产业链本地化等方面还存在一定的问题。

首先，价值分配不均。乡村体育旅游扶贫的目标是解决贫困人口的收入问题，理论上随着旅游业的开展，基于其产业链节点的不同行业，会对当地的就业问题、贫困户的经济收益问题提供一定的支持。但随着乡村体育旅游扶贫的推广，很多地区的乡村体育旅游扶贫开发变成了贫困地区的旅游开发，将扶持重心从贫困人口转移到普通的旅游地开发，其利益相关者也从贫困户变成了旅游投资商，最终的结果脱离了乡村体育旅游扶贫的初衷。

其次，产业链开发单一。由于开发主体的局限性，我国旅游扶贫存在旅游产品开发质量较低的问题。一方面，在旅游产品开发中，缺乏完整开发意识，食、住、行、游、购、娱的整体旅游链条不合理，产品质量也较低，整体旅游产品组合不完善；另一方面，产品缺乏体验性，由于大部分贫困地区都处于自然资源较好的地区，在之前的资源规划方面，大部分采取了观光旅游的初级开发方式，忽视了目前国内的旅游需求，不仅在满足消费者方面有所欠缺，也造成了当地较为单一的门票经济，同时核心吸引力的缺乏也导致了当地旅游品牌建立困难，不利于长远的经济发展。

再次，缺乏核心企业。旅游业的发展对核心企业带动性的依赖比较强，整个产业发展需要核心企业的拉动。由于扶贫旅游开展的地区大都在经济发展落后的区域，开发具有局限性，品牌意识淡薄，因此大部分贫困地区并未形成核心旅游企业，弱化了当地旅游产业的竞争力。

最后，旅游漏损较高。旅游产业链的本地化是扶贫旅游效应的主要考量标准，产业链的本地化直接影响到贫困户的旅游收入与贫困地区的产业

发展。我国目前的扶贫旅游开发过于注重短期效益,忽略了旅游发展对于当地经济的依赖,过快的发展超出了当地旅游经济的发展速度,结果使得扶贫旅游与当地经济之间无法建立链条关系,反而更为依赖非本地经济,最终,导致当地旅游收入的漏损。以贵州省旅游局对乡村体育旅游典型村寨的实地调研为例,全省三十多个村寨的当地经济参与程度几乎都不超过百分之十五,这对于当地经济的拉动并不具备正面影响。

(三)乡村体育旅游扶贫产业链的效益评估与开发模式

乡村体育旅游扶贫产业链的目标是达到社会效益、经济效益与环境效益的统一,要以贫困户的具体脱贫情况与当地旅游经济发展两个标准做考量,在不影响当地可持续发展的基础上,对乡村体育旅游扶贫产业链进行扩展与延伸。

1. 乡村体育旅游扶贫产业链的效益评估

产业链的效益,基于不同的原则,可以通过不同内容进行评价。可以以数学模型为基础,通过产业链的完整度与关联强度进行效益评估。旅游产业链的经营绩效与产业链强度和产业链关联度两者的关系最大,直接影响了整体产业的价值产生,而产业链密度则更多的与产业本身的特点有关,因此相关性相对较弱。以密度划分的效益评估需要以产业集中度、产业关联度及分工程度的数值计算为依据,通过不同的指标选取,构建评估指标体系,最终测算出不同主体的产业链运营效益。

另外,可以以乡村体育旅游扶贫产业链包含的所有可量化指标进行完整度与效益评估,主要包括资源、经济及人文三个大指标,并在这个基础上拓展到四级指标,具体划分成若干个量化指标,在此基础上进行层次分析,利用专家打分法计算指标权重,数值化其重要性指标,再利用量表法对这些量化指标进行市场调研,结合两种方法进行旅游产业链效益的评估。

2. 乡村体育旅游扶贫产业链的开发模式

除了进行价值的创造与增值,产业链最终的目的是通过产业链的整合与拓展,不断提高产业链各行业之间的协同合作,增加整个产业链的效率。体育旅游扶贫产业链也具有一定的开发模式,依据一定的开发原理,进行产业链的开发,主要根据产业链的相关度分为纵向拓展、横向拓展与外延拓展三种开发模式。

(1)纵向拓展模式。根据旅游产业链的内容,纵向拓展主要是从旅游产业的上游企业和下游企业入手进行产业链的拓展,通过增加上下游产业链的长度,使资源整合能力与节约成本能力不断增强。

体育旅游扶贫产业链的纵向拓展与其他旅游产业链的纵向拓展有一定的区别,前者更加注重对当地经济的扶持与拉动。在产业链整合过程中,明确开发是以当地经济的振兴、当地贫困人口的脱贫为目标,在兼顾旅游经济效益的基础上也要注重扶贫旅游产业链各个节点企业的利益分配问题,细化旅游产业链的各个节点部门,尽可能使开发留在当地。通过前向一体化,增加当地特色产品的比重,尤其是当地居民生产制作的内容,既可以增加旅游产品特色,也解决了当地经济融合的问题;通过后向一体化,解决目前体育旅游扶贫产业链缺失的内容,弥补市场需求的不足,整合现有资源,减少交易成本,提升整个旅游地居民的就业素质与收入。

(2)横向拓展模式。横向拓展是指通过并购、兼并与合作的方式,对其他企业进行吸收合并,建立有效的产业集聚体。扶贫旅游近几年的开发以观光旅游为主,其开发深度与经济拉动性都较弱,无论是旅游吸引物的单一性还是旅游核心企业之间的合作都比较薄弱,缺乏内部的完整性与竞争力。因此应通过横向拓展进行旅游吸引物整合,扩大旅游影响力与整体效益。

(3)外延拓展模式。旅游产业链的拓展不仅仅局限在内部领域,外部的拓展也同样重要。旅游扶贫发展到一定阶段,与其他产业和其他地区之间也存在着一定的合作关系,从产业链的各个方面融入其他产业,例如前期的开发策划与融资管理,需要财税及其他金融机构的进入,中期产业链运营中的对农业、工业、生态甚至体育产品的融入,后期基于大数据的整体分析、运营策略等。通过这些跨行业、跨地区的合作,充分增加自身实力,并利用这种延伸拓展提升工作人员的就业素质与贫困户的收入,最终达到多赢。

拓展产业链,增强竞争优势,已经越来越成为扶贫旅游经济开发的重要部分,不仅包括内部的一体化,未来的旅游业发展,更在外部拓展的方面提出了新的要求,只有不断地打造并且优化产业链,促成整体的协同竞争,才有可能在未来的竞争中拥有更广泛的竞争力。

第四章

河南乡村体育旅游资源现状

第一节　河南乡村体育旅游资源的优势

旅游的目的是体验不同的风土人情和自然风光，追求视觉的审美和身心的愉悦，它是一种满足游客享乐和休闲等精神需求的活动。所以在体育旅游发展的过程中，必须和旅游资源紧密合作，没有相关的旅游资源作为支撑，就无法开展乡村体育旅游产业。河南丰富的自然和人文旅游资源为乡村体育旅游的发展奠定了坚实的基础。

一、地理环境优势

河南与河北、山西、陕西、湖北、安徽、山东毗邻。全省总面积约 16.7 万平方千米。黄河流经河南境内 700 多千米。河南处于中国中东部，黄河中下游，由于大部分地区在黄河以南所以命名为河南，河南处于我国第二阶梯向第三阶梯过渡的地带，西部为山区，东部为平原，地势呈现西高东低的阶梯状分布。河南地势整体来看，北边较为平坦，而南方较为凹陷。有太行山、伏牛山、桐柏山、大别山四大山脉环绕，中间有盆地分布。中部和东部地区为黄淮海冲积大平原，山地、丘陵面积约占河南省总面积的 45%，平原、盆地面积约占 56%。灵宝市境内的老鸦岔为全省最高峰，海拔为 2413.8 米，海拔最低处在固始县淮河出省处，仅 23.2 米。河南大部分地区属于温带季风气候，具有四季分明的特点，夏季高温多雨，冬季寒冷干燥。河南南部属于亚热带季风气候，北部属于温带季风气候，全年平均气温为10.5～16.7 ℃，年均降水量为407.7～1295.8毫米，全年无霜期为201～285天。

二、资源种类优势

河南有着8000多年悠久灿烂的人类文明史，历史人文资源丰厚，名胜古迹数不胜数。从第一个夏王朝的建立到金代灭亡先后有20多个朝代建都或迁都于河南，无数英雄豪杰在中原大陆上演了一幕幕中华民族奋发有为的历史剧。在河南省内有众多名胜古迹和名山大川，有气候宜人的旅游景区和历史厚重的文化古都，有令人叹为观止的古代建筑，有珍贵的历史文物和多姿多彩的中原文化。中国的八大古都中，河南占据四个，洛阳、开封、安阳、郑州四个城市在历史上都是帝王建都的地方。河南古文化资源丰富，非物质文化遗产种类繁多，例如嵩山少林寺、河南太极拳、洛阳牡丹花等都是河南特色的旅游文化资源；安阳殷墟甲骨文、洛阳龙门石窟、南阳汉画馆等都在诉说着中原文化的博大精深；少林功夫的高深莫测、洛阳牡丹的国色天香、清明上河园的古风古韵等都展示了河南厚重的历史文化底蕴。

河南具有得天独厚的资源优势，丰厚的历史文化和独特的地理位置是河南发展乡村体育旅游的支撑。从地理位置上看，河南地处北亚热带向暖温带过渡的地区，在地势上处于我国第二阶梯向第三阶梯过渡的地带，地势西高东低，地形复杂多样，类型齐全，地质构造复杂，地貌类型多种多样，过渡性的气候也使得河南省内种植出了各具特色的农业生态类型，河南动植物资源丰厚，盛产多种温带水果，比如苹果、梨、桃子、大枣等，形成了各种特色水果种植示范区。从历史资源上看，河南地处中原腹地，历史人文景观丰富，在这里有很多古镇，古香古色，蕴含了丰富的民俗文化资源，例如开封市的朱仙镇是中国四大名镇之一，除此之外，还有中州名镇陈留镇，这里的建筑风格古老而独特，木版年画、祥符盘鼓等保留了乡村节庆习俗，传承了传统艺术。

近年来，随着科学技术的发展和现代化进程的推进，河南出现了一批农业示范区，为乡村体育旅游的发展增添了更多项目，河南建成的高新科技园和农业示范区、生态农业示范园等丰富了乡村体育旅游资源，河南乡村体育

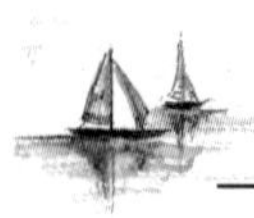

旅游资源具有独特的市场竞争力。乡村体育旅游依托良好的生态环境和独特的田园风光,通过农家乐等特色的农家美食和浓厚的风土人情展示出了别具一格的农业特色种植景观,淳朴的农耕文化能让人们感受到乡村田园生活的舒适和闲逸。中华文化厚重的历史文化底蕴和丰富多彩的民俗文化、地方的戏曲杂技都使河南开发乡村体育旅游资源具有独特优势。

三、区位交通优势

河南区位交通优势非常明显,自古就有“居天下之中”的美誉,地处长三角、京津冀、珠三角和成渝城市带之间,是承东启西、连南贯北的重要交通枢纽。独特的地理位置使得河南的区位交通优势非常明显,铁路、公路、航空迅速发展,郑州成为国家重要的综合交通枢纽,也是国家中心城市。

(一)铁路

河南有纵横发达的铁路网,全国重要的铁路如京广铁路、陇海铁路、京九铁路等都在河南境内交汇。除此之外还有其他的地方铁路。郑州、商丘、洛阳等都是非常重要的铁路枢纽。截至 2019 年底,全省铁路营业里程达到 6407 千米,规模居全国第七,高速铁路(含城际铁路)里程达到 1936 千米,居全国第五。

(二)公路

河南公路非常发达,在省内有众多的高速公路,在河南境内有京港澳高速、连霍高速、济广高速、大广高速、二广高速、洛宁高速等 17 条国家高速公路大动脉及 50 余条区域高速公路、20 多条国道。截至 2019 年年底,全省公路通车总里程 27 万千米,其中,高速公路 6967 千米,国省干线公路 3.1 万千米,农村公路 23.2 万千米。

(三)航空

近年来,河南的航空事业正在快速发展。目前,河南省内有四个民航机场,分别是郑州新郑国际机场、洛阳北郊机场、南阳姜营机场和信阳明港机场。还有多个通用机场,如郑州上街机场、安阳北郊机场等。数据显示,2019 年,郑州新郑国际机场旅客吞吐量为 2912.9 万人次。

(四)通信

河南的电信网在河南通信事业中占据重要战略地位。河南的省会郑州

是我国重要的通信枢纽之一。近年来,国家着力建设河南电信网,南北东西光缆从河南境内穿过,构成了河南四通八达的信息高速公路。

(五)能源

河南境内能源管道较多,包括西气东输等至少四条天然气管道和至少四条石油管道都经过河南境内。另外南水北调的路线经过河南省省会郑州。

四、充足的客源和广阔的市场优势

城市居民在节假日选择出游,乡村体育旅游已经成为度假的首选,河南人口众多,人口多集中在城镇地区,因此,在河南发展乡村体育旅游具有充足的客源市场,据统计数据,2019 年河南总人口为 10 952 万人,其中城镇人口为 5129 万人,占总人口的 53.21%。众多的城镇人口在周末和节假日渴望远离城市,回归自然,这也是乡村体育旅游兴起的主要原因。近年来,河南经济逐步发展,2019 年省内生产总值为54 259.20亿元,城镇居民人均可支配收入为 34 200.97 元,除了物价上涨的因素之外,城镇居民人均消费支出增长了 4.7%,由此可见,河南城镇居民在乡村体育旅游中具有很好的出游条件,这也为河南乡村体育旅游的发展提供了广阔的市场。

第二节　河南乡村体育旅游资源的开发利用状况

一、河南乡村体育旅游资源的基本情况

河南省是农业大省、人口大省,全省有近 5 万个村庄,乡村体育旅游资源丰富。20 世纪 90 年代以后乡村体育旅游逐步发展,随着人们生活水平的提高和消费结构的优化升级,以及农村经济的逐步快速发展,城市居民渴望在节假日和周末去体验原汁原味的农家生活。乡村体育旅游从最初在城郊地区创办农家餐馆为城市消费者提供正宗的农家菜肴、农家生活的体验作为起步,逐步向利用农村自然的风光和农业资源为城市消费者提供观赏和体验性的旅游活动发展。从目前看,乡村体育旅游已经成为乡村振兴的新路子,比如平顶山市鲁山县林丰庄园有 30 多家渔家乐,每户每月的收入都在

4500元以上,经济效益较好的农家乐,每月收入达到两万元。

(一)"农家乐"

在河南境内发展农家乐已有近30年的历史,河南的农家乐已经成为省内非常重要的经济收入之一,农家乐也成了河南独特的风景区,具备接待规模的农家乐的数量也在逐步增长。河南现在的农家乐主要有以下两种模式。

1. 依托大城市开发的农家乐

近年来,随着郑州交通的不断发展和经济的发展,依托郑州的郊区农家乐也在快速发展。规模较大的有郑州惠济区农家乐和郑州大河自助家庭餐馆等。这些农家乐大部分是郑州市居民兴办和经营的,郑州市市民利用周末和节假日来体验农家乐。郑州惠济区农家乐在管理方面不断提高质量,对农家乐进行连片式管理,目前惠济区农家乐每年接待游客数百万人次,旅游收入达数千万元,惠济区共建设农家乐数量为一百多家,其中有几十家已经初具规模,农家乐的经营范围涵盖了池塘垂钓、瓜果采摘等类型。郑州二七区的农家乐接待游客量在2019年达到十几万人次,年旅游收入为几千万元。

2. 依托大型景区开发的农家乐

河南有许多自然风景区,包括太行山地区、伏牛山地区、桐柏山地区、大别山地区,在风景区周边大都分布有农家乐,这些农家乐依托景区的自然风光进行开发,主要是向游客提供农家饭、农家住宿、农家生活。比如南阳市南召县依托南阳伏牛山自然风光的龙潭农家乐、南阳市西峡县的龙潭沟农家乐、太行山地区的农家乐,还有焦作市云台山的驿站等各式各样的农家乐。据统计,在2019年"五一"黄金周期间,农家乐和近郊游成为城市游客选择的新趋势,选择乡村游、农家乐的游客占据全省游客的一半左右。郑州惠济区的农家乐与去年相比,同比增长约15%,旅游收入增加20%左右,选择农家乐的人数占全区旅游人口总数的30%以上,规模较大、接待能力较好的农家乐一天能够接待游客1200人,最高营业额达4万元。在2019年"十一"黄金周期间,济源市农家乐的民宿入住率高达75%以上;栾川县主要景区共接待游客超过30万人次,旅游收入超过2亿元,农家乐民宿的入住率达到90%以上;郑州惠济区的农家乐收入占旅游总收入的一半左右。同时,农

家乐的风格也多种多样,有古朴怀旧型的,有田园风光清新型的,让游客们耳目一新,仿佛回到了老家。比如,在南阳的丹江口水库,游客在体验农家乐的同时,不仅可以选择垂钓捕鱼还可以吃到正宗的鱼宴,除此之外,还能够向师傅学习鱼的多种做法;在淮源景区,游客在体验农家生活的同时还能够欣赏当地的非物质文化遗产——皮影戏。

近年来,随着旅游业的发展,旅游景区依托当地的自然风光和人文景观,以特色的田园风光和古朴的生活气息吸引了大批游客前来参观,乡村旅游已经成为年轻游客越来越青睐的旅游方式。2017 年商务部发布了《农家乐经营服务规范》,对农家乐的经营和管理进行了法制化的规定和管理,从农家乐的经营到农家乐食品的安全和卫生等多方面进行了规范,除此之外,还从农家乐的服务质量、接待设施、消防设施和环保设施等方面对农家乐进行了等级划分,鼓励更多的农家乐走独特的路线和品牌化道路,提升农家乐的质量,建设社会主义新农村。

(二)"全国农业旅游示范点"

全国公布的首批农业旅游示范点有 203 个,其中河南入选 12 个。在河南各个地市中旅游示范点较多的有郑州、新乡、漯河等。2016 年河南重渡沟风景区被选为国家生态旅游示范区。金鹭鸵鸟游乐园内有 200 多个特色旅游娱乐项目,供不同层次和不同年龄的游客游玩,其中鸵鸟表演、瓜果采摘和农家饭等活动受到游客的青睐。

二、河南乡村体育旅游资源开发的短板

(一)基础设施不尽完善

河南乡村体育旅游资源主要分布在城市郊区和景点附近。在城市郊区和景点附近开发乡村体育旅游资源能够依托城市和景区的基础设施,因此,在乡村体育旅游的基础设施建设方面不需要投入过多的资金。调查研究发现,河南乡村体育旅游在发展的过程中只重视经济效益。从卫生和产品质量方面说,乡村体育旅游地大多是采用家庭式的服务,家庭式的服务没有严格的标准,服务人员没有经过专门的培训,服务人员所提供的产品没有经过专门的卫生消毒,有些民宿存在着安全隐患等,部分游客为了贪图便宜选择价格较低、服务质量较差的民宿进行居住,影响了游客出游的心情及游客对

于当地的印象。从交通方面说，有些乡村体育旅游地存在着道路凹凸不平的状况，遇到天气不好就会无法通车，影响了游客的游玩和乡村体育旅游的持续发展。从基础设施方面说，有些乡村体育旅游地没有及时排查安全隐患，例如：在2018年“五一”期间，有游客在前往樱桃沟游玩的途中出现自驾车翻车的现象，造成人员伤亡的悲剧。从住宿方面说，有些乡村体育旅游地对于日常用品不能进行及时消毒，被褥不能及时地拆洗和更换，导致游客在民宿中无法正常入眠。除此之外，其他卫生条件也不够合格，有些游客在游玩的过程中发现很多饭店向当地的水域中倾倒垃圾、废水等。

（二）文化内涵认识不足

乡村体育旅游作为一种新型的旅游方式在我国的发展还不够成熟，因此，经营者对乡村体育旅游的开发仍处于摸索阶段。目前来看，乡村体育旅游所提供的旅游产品大多是住宿和餐饮层次的，很少有对乡村体育旅游文化内涵的深入研究，在旅游产品的开发和旅游项目的选择上不注重突出本地区的传统文化和风俗习惯，而是采用外来的旅游项目，这种生搬硬套的旅游项目缺乏文化内涵和地方特色，因此，在对于乡村体育旅游文化内涵的认识方面，仍然需要不断加强，只有这样才能够提高乡村体育旅游对于城市居民的吸引力，进而带动乡村地区经济的发展，帮助偏远地区乡村实现旅游脱贫。

（三）特色开发不够，品牌意识不强

河南乡村体育旅游存在的统一问题是旅游项目千篇一律，对于当地特色的发掘不够深入。比如在农家乐通常都是吃农家饭、住农家房、体验农家劳作，缺乏对于农家乐的深度挖掘和加工，很难让游客通过乡村体育旅游来感受当地的文化和风俗习惯，降低了乡村体育旅游对于游客的吸引力。此外，许多农家乐的经营者在对于农家乐的营销和策划方面能力不强，也制约着乡村体育旅游品牌意识的树立，许多农家乐存在着比葫芦画瓢照搬照抄的现象，缺乏对于文化的创新设计，从民俗文化的挖掘方面看，无法将优秀的民俗文化开拓出更大的市场，影响了乡村体育旅游对游客的吸引力及游客的重游率。

（四）空间布局不均衡

乡村体育旅游资源总体分布在郊区和景区的边缘，从地理位置上看，河

南乡村体育旅游主要分布在三个区域，第一个是城市的郊区，例如荥阳、新密、新乡北区等；第二个是知名景点的周边，例如养子沟度假山庄、七星潭等；第三个是偏远贫困地区，例如滑县。在这三种分布区域中，都市的周边旅游景区分布得较多。调查研究发现，河南乡村体育旅游资源在旅游目的地分布方面存在不均衡的状况，主要集中在大都市的周边，如郑州市附近的农家乐较多，其次是南阳桐柏大别山附近。

（五）缺乏统一规划，乡村体育旅游人才匮乏

河南乡村体育旅游在发展过程中存在着星罗棋布的现象，在对于乡村体育旅游资源的开发中各地区各自为政，政府在对于乡村体育旅游资源开发方面缺乏统一的规划和管理。经营者根据自己的意愿盲目进行开发，导致不同地区的农家乐出现千篇一律的现象。农家乐形式单一，特色不够突出，对于客源市场的开拓力不够。另外就是同质化的竞争加剧，农家乐之间形成恶性竞争，规模效应不强。目前，河南乡村体育旅游在旅游资源的开发方面重复性较为严重，例如：农家乐通常都是吃农家饭，干农家活，住农家院，没有考虑是否与周边的城市及景区的开发定位相吻合，不能更好地开拓客源，造成人力、财力、物力的浪费。近年来，各大城市兴起了采摘风，采摘的内容从樱桃到草莓千篇一律。我国乡村体育旅游的发展起步较晚，发展不够完善，在对于乡村体育旅游人才的培养方面缺乏相应的培养机制。乡村体育旅游发展的过程中管理人员大多数是当地的村民，采用的是家庭式的管理方式，用人制度不够健全，管理者的文化素质和专业技能普遍较低，法治意识淡薄，导致部分经营者出现强买强卖和宰客的现象，这种粗犷式的经营模式影响了乡村体育旅游的长期持续发展。

（六）乡村体育旅游开发模式单一

河南大部分乡村体育旅游开发模式都是基于农产品的开发和观光农业的发展，缺少对于民俗文化和风土人情的开发，在开发过程中只重视经济效益而忽视了生态效益和文化效益，无法满足游客的多层次需求，导致景区对于游客的吸引力不强，游客在景区的逗留时间过短，无法产生更大的经济效益。

1. 季节性明显

河南乡村体育旅游呈现明显的季节性特征，受到自然气候条件的影响，

出现明显的淡季和旺季。比如乡村体育旅游中瓜果采摘的旺季是秋季和夏季,这一时期游客很多,到了冬季游客人数明显减少,以垂钓和渔家乐为主要特色的乡村体育旅游也有明显的淡旺季反差。在樱桃采摘的季节,郑州樱桃沟景区每周的接待游客量为近十万人次,而旅游淡季资源闲置率较高,缺乏对于旅游景点的多层次开发。我省的乡村体育旅游资源丰富,但是被开发的只占其中的一小部分,有相当多的体育旅游资源没有得到充分重视,比如各地区的风俗习惯、宗教信仰、饮食文化等,这些文化资源对于外地人来说都有很大的吸引力,但是有些地方政府不重视对于民俗文化的发扬和传承,在对于民间特色小吃的开发方面通常是浅层次的食品品尝,缺乏对乡村体育旅游的文化内涵的开发。有些地区宗教信仰较为浓厚,出现了封建迷信活动,以迷信活动来愚弄游客,降低了游客对于该地区的好感,而有些地区打着特色小吃的旗号给游客们品尝的都是一些常见的食品,无法体现当地的饮食特色。

2. 体验不足,缺乏特色,开发过程中存在一定的破坏性

乡村体育旅游的主要目的是吸引游客参与旅游项目,尽可能地延长游客游玩的时间,而不仅仅是简单的观光游览。很多游客在乡村体育旅游中的体验感较差,在体验的过程中只是单纯地观光游览,无法参与农事活动,不能充分地了解当地的风俗习惯和民俗文化。因此,在对于乡村体育旅游的开发层次方面仍需要提高。

乡村体育旅游资源的开发缺乏特色,开发过程中存在着破坏生态环境的现象。河南乡村体育旅游资源丰富,具有很强的地域性特点,各地区要根据当地的地理环境和丰富的历史底蕴开发各具特色的旅游项目。调查研究发现,河南乡村体育旅游在项目资源的开发过程中存在着千篇一律的现象,大部分是瓜果的采摘和渔家乐等方面,有些地区的乡村体育旅游完全照搬其他地区的发展模式,没有根据本地区的文化特色和风俗习惯来进行有针对性的开发,因此,乡村体育旅游开发效果较差,造成了人力、财力、物力的极大浪费。有些地区在开发中竭泽而渔,破坏了生态环境,导致该地区的乡村体育旅游资源对游客的吸引力下降。另外,部分地区在乡村体育旅游开发的过程中出现了管理者不能及时更新思路,与时俱进,不能与市场进行很好的对接,管理意识陈旧,服务意识较差,最后导致逐渐淡出乡村体育旅游

市场的现象。

总而言之,河南乡村体育旅游的开发取得了一定的成绩,但也存在着诸多问题,需要政府和乡村体育旅游的经营者进一步思考,不断转变观念,与时俱进,根据当地的旅游特色和风俗习惯与目标市场对接,进行有针对性的开发,从而提高乡村体育旅游的质量。

第三节 河南具有代表性的乡村体育旅游案例及分析

一、小浪底库区发展乡村体育旅游的基础分析

(一)小浪底库区概况

小浪底水利枢纽工程是我国"八五"期间仅次于长江三峡的大型水利工程,处在黄河中下游地区,它是中国治理黄沙历史上的一座重要丰碑,为世界水利工程的发展做出了重要贡献。小浪底水利枢纽工程从1999年开始蓄水,正常蓄水位为275米,逐步形成了库水面积为272平方千米的巨大水库。小浪底水库距离郑州花园口115千米,交通便利。1991年小浪底水利枢纽工程开工建设,库容量为126.5亿立方米,坝址控制流域面积为69.42万平方千米,占据黄河流域总面积的92.3%。小浪底水利枢纽工程采用了当时国际上先进的标准,为我国水利工程的建设做出了重要贡献。建设水利工程不可避免要对库区的居民进行搬迁安置,小浪底水利枢纽工程在建设过程中,共计有20万库区居民需要移民。小浪底水库共涉及八个县(市),总面积达到1262平方千米,从库区人口密度的分布情况看,东部地区明显高于西部地区。

1.人口

在人口的构成上该区共有农业人口249.32万人,占库区搬迁总人口的85%,劳动力占农业人口的45.6%。总体看,库区居民文化水平不高。人口普查显示:库区居民大部分属于小学文化程度和初中文化程度,文盲率高达20%;山区、丘陵地区库区居民文化程度更低,文盲和半文盲率非常高。

2.农业

根据资料记载,小浪底水库早在七八千年前就已经被开垦,在土地利用

方面,库区的土地主要指的是耕地,该地区的粮食作物主要有小麦、玉米,经济作物主要有油菜、花生等,但是种植的经济作物和粮食作物主要用于库区居民的日常生活,商品率不高,近年来,随着农业产业结构的调整,库区移民的生活水平和生活质量显著提高。

3. 工业和人民收入水平

随着改革开放的发展,库区的工矿企业逐步发展,黄河小浪底地区矿产资源丰厚,带动了当地能源、采矿业的发展,例如:新安县电厂、孟津县五一煤矿等。另外有许多民办的小型煤矿和砖瓦厂带动了当地民营经济的发展。库区移民生活水平随着家庭联产承包责任制的实行也在不断提升,库区的八个县(市)人民的收入水平不断提高。

(二)小浪底库区社会经济状况评价

1. 水库淹没损失大,农村移民安置任务重

小浪底水库的正常蓄水位达到275米,土地的淹没面积达到279.6平方千米,涉及八个县(市),总人口约20万人次,其中移民规模上万的县(市)有六个,移民安置任务较重。河南省的洛阳市和济源市及山西省的垣曲县淹没人口数量分别为8.2万、4.14万和3.25万。小浪底库区所在位置的自然资源条件较好,水利条件得天独厚,地下矿产资源丰富,水库的兴建给当地经济和社会的发展带来严重损失。据估算,水库的建设导致山西省垣曲县每年粮食少生产3682万千克,淹没的矿区企业导致当地经济收入减少45%。

2. 库区移民生活水平相对较高

小浪底库区移民数量较大,大部分移民以农业为主,移民的经济收入主要靠农业收入。河南省新安县当地农民的人均耕地粮食收入超过了全省的平均水平,比当地的平均收入高1.6倍,库区移民生活水平相对较高。

3. 受淹县(市)总体上经济基础薄弱

小浪底库区的建设淹没八个县(市)区,这些县(市)区,有的地处山地地区,有的属于丘陵地带。河南省济源市经济较为落后,但是被淹没的其他七个县(市)经济发展状况良好。被淹没的八个县(市)中有国家级贫困县和省级贫困县,其中河南省新安县和山西省垣曲县由于土地资源状况不佳,耕地面积较少,当地的移民安置面临许多困难。

4. 库区移民综合素质不高

数据显示，被调查的库区移民中有70%左右只有小学文化程度，总体看，库区的移民文化素质和综合素质普遍不高，自主创业能力不强，思想观念落后，“等”“靠”“要”思想严重。但是，库区移民因为水库建设被迫搬迁属于弱势群体，部分移民心理素质较差，对于搬迁之后的新生活很难适应，离开故土之后无法适应新的生存环境，无法迅速重新建立起新的人际关系，导致心理压力较大。

5. 产业发展存在的问题

工矿企业的迅速发展带动了当地经济总量的上升，但与此同时也造成了严重的工业污染。煤矿工业是库区的重要工业，在对煤矿工业的开采和加工中大多采用的是粗加工。近年来，随着煤矿资源的枯竭，传统工业也面临着转型升级的难题。小浪底水库开始蓄水之后，当地村民开始迁往新的地方，导致原有的生产方式和生产体系发生重大变化，移民在新的安置区所耕种的土地面积减少。为了保证移民的生活水平和生活质量不低于原来的平均水平，政府一方面要积极鼓励和支持移民充分利用新安置区的土地，并帮助当地移民调整农业种植结构，不断增加农业生产；另一方面，要调整三大产业的比例结构，在保证第一产业作为基础的同时发展第三产业，提高第三产业在当地经济发展中的地位。小浪底水库的建设和水库地区移民的安置必须优先解决好移民的温饱问题，同时，为将来发展第三产业打好基础。农业作为一个基础产业，如果没有第三产业的支撑无法发挥优势。小浪底库区的居民在搬迁之后，人均拥有耕地数量为一亩左右，耕地数量少，耕地质量较差，移民很难恢复到以往的生活水平，导致农民生产的积极性下降。因此，要积极发展第三产业，依托水库有利的自然条件来开展乡村体育旅游。

（三）小浪底库区发展乡村体育旅游的有利条件

1. 优越的自然地理条件和民俗文化

小浪底库区属于亚热带季风气候和温带大陆性气候，气候总体上冬冷夏热，冬季受到西伯利亚季风活动的影响，气候较为干燥，而在夏秋季节早晚温差较大，年平均气温为13.4℃，最高气温为41.5℃，最低气温为零下13℃，全年无霜期为230天，降水量主要集中在夏季。小浪底水库自然环境

较好，但部分地区，如山地丘陵地区植被稀少，自然环境较差，水库在蓄水之后形成众多的岛屿和半岛，原本自然条件较差的丘陵地区自然环境逐渐变好。孟津县黄河湿地是小浪底水库最为典型的生态环境，在入秋时有许多飞禽、天鹅，随着水库蓄水水位不断提高，库区的气候也发生了变化，周围气候的湿度较大，呈现出温暖湿润的景象，库区蓄水之后周边地区的降水量增多，植被生长较快，生态环境不断改善。由于库区的热容量巨大，相当于一个空气调节器，能够调节库区的热量循环，白天吸收热量，晚上释放热量，因此，库区周围冬暖夏凉，无霜期的时长增加。小浪底库区的传统文化和风俗习惯是库区人民长期生产生活智慧的结晶，小浪底库区作为一个较为封闭的文化地域空间，拥有着丰富多彩的民俗文化和农耕文化，在饮食、居住、生活等方面都具有浓郁的民俗风情，例如：洛阳的水席、郑州的烩面、开封的灌汤包。这里最具有代表性的建筑是北方的四合院，其中还有非物质文化遗产——民间皮影、剪纸，除此之外，还有许多与小浪底库区有关的神话传说和节日活动等，都是具有非常巨大的市场潜力的民间文化资源。

2. 便利的区位交通条件

发展旅游业的首要条件是交通便利，小浪底库区附近有陇海铁路，东部有焦枝铁路，北部有济源市至山西侯马市的公路干线，西部有郑州高铁，因此，小浪底库区发展旅游业具有独特的交通优势，在发展旅游业中旅游集散功能较强，旅游集散地在南阳、三门峡和郑州之间形成区域间流动。交通的不断完善提高了游客进入小浪底库区游玩的积极性。

3. 政府政策支持

在 2013 年河南省印发了《关于加快发展乡村旅游的意见》，指出发展乡村旅游要形成城乡互动发展的新格局，加强乡村旅游的建设是建设社会主义新农村的内涵和应有之义，是统筹城乡经济发展、实现乡村振兴的重要途径，同时发展乡村旅游有利于优化农村产业结构、增加农民收入，对提高当地经济的发展速度、增强在旅游市场中的核心竞争力、给当地村民提供更多的就业机会、当地生态环境的保护和当地民俗文化的继承和发展等方面都具有重要的意义。

河南农村地区地域广阔，自然资源丰厚，历史文化底蕴厚重，依托优美的田园风光为多样化的旅游消费需求提供了集休闲娱乐观光于一体的旅游

活动。政府部门在建设中原经济区的同时,从大局出发,加速了对乡村体育旅游的推动和发展。在2016年河南打造了10个乡村体育旅游示范县和21个旅游示范乡镇,特色旅游村有300多个,全省在乡村体育旅游方面的年接待人次超过1亿,直接带动就业人数为70万,乡村体育旅游的发展带动当地人均年收入的增长,当地人均年收入达到1.7万元,截止到2020年,总共建设乡村体育旅游示范县21个,旅游示范乡镇32个,特色旅游村400个。乡村体育旅游的发展带动了当地经济的发展,同时培养了一批具有河南特色的乡村体育旅游品牌,提高了旅游品牌的知名度和传播度。河南省政府从乡村体育旅游整体规划、乡村体育旅游基础设施建设和乡村体育旅游公共服务三个方面开展了乡村体育旅游的开发工作。除此之外,河南也应当加大对于乡村体育旅游人才的培养、旅游特色产品的开发和信息化的建设。在对乡村体育旅游示范村评选的过程中,通过对于农家乐星级的评选和认定、通过互联网直接在线订购农副产品及查阅和咨询网络平台乡村体育旅游景点的旅游路线,将乡村体育旅游的信息在旅游官网上进行公布,因此具有很高的权威性,在推广河南乡村体育旅游品牌方面也起到了良好的宣传作用。

二、小浪底库区乡村体育旅游开发现状分析

石井镇位于河南省洛阳市新安县西北部,距离县城42千米,石井镇下辖28个行政村和1个居委会,总面积达到196.2平方千米。石井镇具有丰厚的自然资源和旅游资源,有道教圣地荆紫山、龙潭大峡谷及万山湖等,岛屿众多,这些岛屿都是围绕小浪底水库而形成的半岛。

(一)石井镇旅游经济区划

石井镇具有独特的水域资源,在充分调整农业发展结构、加快自然旅游资源逐渐向经济资源的转换步伐的基础上,2008年被评为旅游特色乡镇。石井镇位于小浪底水库周边,境内湖畔众多,历史底蕴厚重,距离洛阳古城较近,旅游资源丰厚,风光秀美,景色迷人,景区中西部地区以自然风光为主,东部地区则以人文风光为主。石井镇气候宜人,四季分明,夏季雨量充沛,云山雾罩之下显得山川格外秀美。随着交通和基础设施的改善,石井镇的游客接待能力不断提高,人们在欣赏旖旎的自然风光的同时也能够看到

小浪底水库奔腾不息的壮丽景观。石井镇有依山傍水的民宅和错落有致的亭台楼阁,供人们嬉戏玩耍。石井镇旅游经济区划科学合理,对石井镇进行旅游经济区划的目的是从长远上对石井镇的乡村体育旅游资源考虑,通过优化资源配置加快乡镇的建设,走乡村体育旅游发展路线,不断调整景区内经济结构,提高村民的综合素质,实现三大产业的协调发展。近年来,石井镇的经济总量逐步提高,在第一旅游经济区的龙潭大峡谷风景区进行开发建设,以服装中心村为核心,带动周围几个村的发展,逐步形成集住宿、餐饮、购物、娱乐于一体的旅游服务,同时带动当地的特色种植业的发展,例如核桃、杏树等。

(二)石井镇乡村体育旅游开发典型代表

石井镇是乡村体育旅游开发的典型代表,是城市居民休闲旅游的良好去处,这里有著名的黛眉山景区、龙潭大峡谷景区、荆紫山景区和万山湖景区等,景区内服务业发达,交通便利。

1. 世界地质公园——黛眉山

黛眉山处于石井镇的西北部,海拔为1346.6米,因商汤王妃黛眉娘娘曾在此修炼而得名。黛眉山主峰区包括梳妆台、遗迹山顶、南天门等六大主峰,自然景观由16座山峰组成,奇峰怪石,陡峭险峻,攀登艰难,山上树木葱郁,山顶开阔,花丛遍布。2006年黛眉山被评为世界地质公园。这里四季分明,每个季节都是一幅美丽的画卷,人们在春夏秋冬四季都可以领略到黛眉山的美丽景观。黛眉山地区气候怡人,空气质量较好,生态环境保护得力,这里青山绿水,游客在游玩时仿佛置身于美丽的画卷中。黛眉山是小浪底库区最高的一座山峰,风光秀丽,水草肥美,景观组合良好。黛眉山景区除了有自然景观,还有人文景观。自然景观的特点是山清水秀,峡谷险峻,瀑布气壮山河,湖泊景色迷人。近年来对黛眉山景区加大开发力度,形成了湿地生态园。人文景观包括游玩缆车和旅游道路的铺设等,基础设施和服务设施进一步完善。

2. 黛眉山世界地质公园核心景区——龙潭大峡谷

龙潭大峡谷在石井镇西南部,距离县城45千米,该峡谷地貌独特,深处有奇峰怪石、龙潭瀑布等景观,山上樱花烂漫,风景秀丽。龙潭大峡谷是石井镇的典型旅游景区之一,以红色的石英岩为主,是一条U型峡谷,这是一

种地质奇观,旅游景区内自然风光和人造景色融为一体,山水秀丽,被称为“黄河山水画廊”。2006年8月龙潭大峡谷被评为世界上最美的峡谷之一,同年9月18日被正式命名为世界地质公园,2013年1月被批准为国家5A级旅游景区,每年的游客接待量近百万人次,营业额为5000万元左右。龙潭大峡谷景区有众多特色农家宾馆,为了提升景区的知名度,不断提高游客的接待能力,龙潭大峡谷先后投资数百万元按标准对景区内的农家宾馆进行了综合的质量提升,统一了农家宾馆的样式和外观。

3. 道教圣地黄河明珠——荆紫山

荆紫山距新安县北56千米,它的主峰高大挺拔,山顶上有玄天上帝殿、真武堂等道宗庙堂建筑,建筑风格独特,艺术价值较高,每逢农历初五来山上的游客较多。荆紫山在河南具有很高的知名度,以种植荆紫树较多而出名,荆紫花山花烂漫。荆紫山也是道教文化的发源地,据历史记载,黄帝最早在荆紫山上设坛祭天。山上金属资源丰富,所以后人命名为金紫山,又名为金子山。每逢农历有庙会,山上的人数都会达到一个高峰。荆紫山由于地壳运动,海底下沉,出现了裸露地面,山上以红色的石英砂岩为主,峡谷地貌特征明显,也是天然的国家地质博物馆,景区内的遗迹较多,这些遗迹与山水风光相互映射,形成了一种和谐的自然景观。每年的农历三月三日游客都会来到荆紫山参加庙会,不仅扩大了道教文化的影响力,而且让更多的人认识了荆紫山,为荆紫山的发展提供了新的平台。

4. 黄河旅游胜地——万山湖

万山湖作为库区景区的一部分,自小浪底水库建成以后,万山湖也成了一个重要景区。这里湖泊众多,湖水清澈,与周围的群山呼应,形成了山清水秀的壮丽景观,人们在万山湖中游玩犹如在画中行走。近年来,国家围绕万山湖进行绿化项目建设,推动万山湖地区的休闲度假项目逐渐向绿色化方向发展。国家海事局在原有生态基础上增加投资8000万元建立的华洋乡村俱乐部开始运营,除此之外,还有其他生态园绿化项目也在筹备建设当中。黄河湿地生态园是小浪底水库中著名的生态园区,园区东西长为1200米,南北长为2700米,总面积达到3.4平方千米。园区内各种景观区规划合理,有农业观光区、休闲度假区和采摘区、水上游览区等。黄河湿地生态园以生态观光为主,是一个集休闲、旅游、度假、健身、娱乐于一体的综合性生态观光园，总投资为8000万元，有生态餐厅1200平方米，可接待游客上千人。近年来，生态别墅不断扩建，并按照当地的民居风格进行统一装修，为游客们提供了真正的居家生活服务。温室大棚种植的蔬菜给游客们进行采摘提供了机会。

三、小浪底库区乡村体育旅游市场需求趋势预测

（一）市场需求的发展趋势

近年来，随着工业化进程的逐步加快和城镇化的推进，城市环境污染日益严重，越来越多的城市居民对乡村体育旅游抱有很高的热情。统计数据显示，在“五一”黄金周和春节期间有70%的城市居民选择乡村体育旅游，在每个旅游黄金周期间都有将近6000万人次的城市居民来到农村体验乡村体育旅游。由此可见，未来乡村体育旅游市场前景较大。但是总体而言，乡村体育旅游的发展缺乏特色和个性化的特点，打造具有独特性和个性化的乡村体育旅游服务是乡村体育旅游发展的关键，在发展乡村体育旅游过程中也要使旅游项目真正具有乡土性。

（二）客源结构的发展趋势

1. 年龄方面

调查研究发现，选择乡村体育旅游的游客大部分是中青年，年龄主要集中在15岁到60岁之间，这一年龄阶段的人群占总人数的92%左右。

2. 职业方面

乡村体育旅游的客源结构从职业方面看，大部分是企事业单位的员工、在校大学生、自由职业者。学生处在学习和发展的重要时期，在性格方面，活泼好动，对新生事物充满好奇。近年来，随着旅游价格和旅游门槛的逐渐下降，学生成为乡村体育旅游的重要组成部分。自由职业者由于时间比较充裕，因此有更多的机会选择出游，他们往往会避开黄金周。自由职业者经济收入较高，所以在消费方面有实力。企事业单位的员工享有节假日休假的权利及公休假等福利待遇，也可以利用单位组织的旅游机会选择出游，因此出游的机会较多，时间较长。

3. 游客来源方面

从游客来源方面看，乡村体育旅游的游客大部分是附近城市的市民。

小浪底库区来自河南境内的游客占80%左右。

(三)旅游方式的发展趋势

第一,近年来,随着私家车数量的逐渐增多,人们会选择开车的方式进行出游。现在的青壮年随着工作的稳定也逐渐加入了有车一族。开车带上家人和孩子已经成为出行的一种潮流。第二,自助游在我国一直很受青壮年游客的喜爱,随着人们独立意识的增强,传统的大众旅游方式很难满足人们个性化的旅游需求。自助游逐渐成为年轻人青睐的旅游方式。第三,选择出游团聚的游客人数逐渐增加。近年来,随着人们传统观念的改变,过年过节由与亲人在家相聚,逐步转变为带着亲人去旅游,出门旅游已经成为家人团聚的一种新的潮流。第四,家庭出游逐渐受到青睐。问卷调查发现,大部分家庭是趁着孩子放假全家集体出游。父母与孩子们一同出游,不仅能够加强亲子交流,享受家庭团聚的乐趣,而且能够在游玩的过程中帮助孩子们接触大自然,学到有关农业和农村方面的知识。由此可见,未来有孩子的家庭旅游会在乡村体育旅游中占据较大比重。

四、小浪底库区旅游发展存在的问题

(一)旅游单一,游客停留时间短

小浪底库区的旅游景点大部分属于传统的观光型,缺少休闲旅游和专项旅游产品,旅游收入中有30%来自观光型产品。在旅游内容上,旅游开发的项目大多雷同,缺少个性。旅游模式只是简单停留在吃农家饭、住农家屋、体验农家乐方面,缺少个性化的旅游项目,无法满足现代旅游市场个性化的旅游需求。从旅游路线上看,选择长线旅游的游客较少,大多数游客选择的是短距离游玩。加上小浪底库区旅游景点缺乏与之配套的娱乐设施,接待设施不够完善,导致游客能够参与的娱乐项目较少。总体看,小浪底库区的乡村体育旅游缺乏层次性和个性化,大多是千篇一律的旅游项目和旅游接待方式,导致游客的重游率较低。旅游有明显的淡旺季之分,一般情况下,节假日期间游客爆满,而在平时游客较少。比如石井镇的龙潭大峡谷,游玩龙潭大峡谷大部分需要四个小时,游客基本上都会选择一日游,当天去当天往返,仅仅在景区吃一顿饭,因此对景区的了解不够深入,尤其是对景区的特色产品和景区文化的理解方面。

(二)服务水平提升缓慢

乡村体育旅游景区的工作人员,由于整体文化素质较低、综合素养不高等因素导致景区服务水平不高。旅游景区的工作人员的接待礼仪和服务的创新方面存在着一些问题。有些工作人员在向游客推销旅游产品中存在着强买强卖现象,不能与游客进行耐心沟通。在吃的方面,当地的小吃特色不突出,缺乏本土化和乡土化的特点。大部分乡村体育旅游经营者向其他地区的乡村体育旅游发展借鉴经验,盲目照搬他们的饮食特点,从而失去了本地区饮食的乡土性。从住的方面讲,旅游经营者以大城市人的生活习惯来规划本地区的宾馆和住宅,例如安装空调和取暖设备,这样就失去了民宿原有的自然本色。大部分服务人员由于学历较低,没有经过专门的培训和教育,在游客的接待方面缺乏服务意识,对本地区乡村体育旅游的知识了解甚少,有的人员普通话不合格,外语水平较低,对于接待境外游客和其他地区的游客来说,存在着很大障碍。

(三)旅游产品规模仍较小,包装档次低

小浪底库区的乡村体育旅游在有些旅游产品上具有当地特色,但是旅游产品的包装档次较低,生产时由于较多地考虑生产成本,造成包装简陋,无法满足不同层次游客的需求。旅游景区市场上能买到的旅游产品通常影响力不够,不能形成规模效应和品牌效应,具有品牌传播力的旅游商品数量更少,基本上都是作坊式的生产,影响了乡村体育旅游商品的长期可持续发展。

(四)经济基础薄弱,“三农”问题突出

由于移民的搬迁导致库区产业出现空心化,而新兴的产业在短时间内无法形成,从而导致库区经济基础薄弱,经济增长缓慢。小浪底库区移民数量巨大,如何安置好这些移民,对移民实行精准帮扶措施,促使库区经济尽快得到恢复,仍任重道远。

(五)生态环境破坏严重

小浪底库区乡村污染严重,污染主要来自于三农污染,其中化肥农药的污染是主要的污染源,农民为了提高粮食产量过度使用化肥、农药,在使用的过程中不能对化肥进行合理的搭配和科学的使用,不仅造成了化肥的浪

费,而且对库区的生态环境破坏严重。第一、二、三产业的发展不协调,以煤矿和矿石开采为主的工矿企业排放的“三废”对周围的土壤、大气、水源造成了污染,破坏了当地的生态环境,加剧了水土流失。此外,矿区移民的农业养殖也造成了乡村环境的污染。

(六)人口增长快、素质较低,人地矛盾尖锐

1. 思想观念落后

小浪底库区近年来的人口平均增长速度高于全国平均水平。库区居民的平均受教育年限为6.8年,而全国乡村普遍受教育年限为8.1年,因此,库区乡村劳动力的人口素质普遍较低。近年来,随着库区人口增长速度的加快,人口素质下降,再加上交通不便和信息的闭塞造成许多贫困山村的群众观念落后,缺乏对脱贫致富的信心,“等”“靠”“要”思想严重,依靠国家救济过日子。

2. 人地矛盾、人粮矛盾十分突出

小浪底库区的建设涉及八个县(市),耕地总面积为2908.8平方千米,农民人均耕地面积为854.7平方米。小浪底库区土地与人口增长不匹配,人地矛盾十分尖锐。小浪底库区由于耕地资源丰富,土地质量较为肥沃,水利设施较好,矿产资源丰富,水库的兴建给当地经济的发展造成严重损失。据不完全估算,小浪底水库的建设导致的耕地淹没,每年给山西省造成粮食损失3762万千克,水库的兴建加剧了人地矛盾、人粮矛盾。

五、小浪底库区发展乡村体育旅游的对策

根据河南旅游发展总体规划,地方政府坚持先规划后建设的原则,不断提高景区建设标准。小浪底库区移民的主要经济来源是农业,其中土特产品是重要经济来源,对土特产品的宣传也能够促进旅游业的发展。近年来,矿区围绕自身开发特色农产品,种植柿子和桃、核桃等经济作物,通过新闻媒体加强营销策划和宣传,使这些商品逐渐受到游客的喜爱。例如,河南卫视旅游栏目对小浪底库区乡村体育旅游进行了宣传报道。

(一)借鉴“栾川模式”,走独特发展道路

重渡沟的成功经验为其他地区发展乡村体育旅游提供了借鉴和参考。重渡沟位于河南省洛阳市栾川县,该地区水源丰富,植被条件良好,森林覆

盖率较高。重渡沟有种类繁多的野生动物和郁郁葱葱的竹林,这里曾经是国家级贫困村,在20世纪90年代,该地区的农村人均收入不到400元。如今,随着乡村体育旅游的发展,重渡沟建设农家民宿400家左右,年人均收入超过3万元,几乎家家都有私家车。该地区的村民依托当地独特的自然风光和保留完好的民俗文化大力发展乡村体育旅游,实现了旅游致富的目的。农家乐旅游的开发为乡村体育旅游的发展树立了榜样,在推动乡村地区脱贫致富中闯出了一条新路。周边地区的村民也都纷纷从事到工艺品的加工制作中,依靠当地旅游经济的发展实现了脱贫致富。目前,栾川县农家民宿和宾馆数量为1442家,有超过11万人直接或间接从事乡村体育旅游业,乡村体育旅游的开发方式也在不断创新,目前重渡沟已经成为河南知名的乡村体育旅游景点。

(二)利用旅游资源优势,打造旅游精品景区

根据小浪底库区的实际情况,对旅游资源进行合理划分,通过建设旅游精品区来推动现代服务业的发展,为游客们提供以观光游览、娱乐服务、休闲度假为主的现代服务业。库区的新安县石井镇拥有特色的农产品柿子树和核桃,目前该地区的农业示范园数量逐渐增加,柿子树的种植园面积不断扩大,该地区已经有核桃种植基地250公顷。现代服务业的发展也为景区内游客的观光游览提供了农业科普观光园和休闲度假区。该旅游景区的住宿和饭店等服务中心服务水平不断提高,除此之外,小浪底库区打造特色产品,发展特色农业,不仅能够丰富游客的游玩内容,而且能够对景区的知名度起到良好的宣传作用。

(三)打造特色商品,发展特色农业

1. 特色旅游商品企业

近年来,小浪底库区围绕自身的发展特色,开发出土蜂蜜、手工艺品等特色旅游商品,这些特色旅游商品深受游客的欢迎。例如:新安县黛眉工艺手织布有限公司主要经营手工艺品,涉及从手工艺品缝制的研发设计到销售的各个环节,生产有床上用品,还有衣服等;洛阳森友食品有限公司主要生产土蜂蜜、石磨面等特色产品。

2. 特色农业和生态建设有声有色

特色农业的种植能够以土地流转为机遇,通过发展经济林、特色农副产

品及蔬菜水果采摘园等推动特色农业发展。目前,全镇共完成土地流转面积2.8平方千米,这些土地用于核桃经济林的种植,还有经济作物的种植,主要栽种的品种有樱桃、香梨、雪桃等。

(四)依托生态资源,实施统一管理

在生态建设方面完成生物能源林0.8平方千米,并投入资金160万元用于矿区植被的恢复,逐步建立起良好的生态环境。依托自然资源,政府实行统一管理,对矿区和库区内旅游资源进行统一规划。新安县石井镇依托小浪底库区的自然风光带动周边八个自然村的发展,形成了集住宿、餐饮、游乐、购物于一体的旅游服务,依托黛眉山景区开发特色旅游服务,发展绿色食品,依托荆紫山景区带动当地手工艺品的发展,依托万山湖景区发展绿色果蔬种植业和水产品养殖业。

(五)提高旅游服务水平,创造良好旅游环境

旅游服务水平是影响游客游玩的重要因素,服务水平的高低在一定程度上决定着旅游业发展速度的快慢。提高旅游服务水平应当从硬件和人才两个方面着手。在硬件方面,应当提高游客游玩的质量及游客住宿的质量,提高宾馆档次,比如,乡村游在发展中应当对原有的民宿进行统一的修建和改造,符合当地的旅游发展特色;同时要加强对于民宿的特色化管理,提供商务型和会议型的旅游来吸引更高层次游客参观;此外,还要增加多样的娱乐项目,如在景区内开展健身、美容、急救等服务,为游客出行提供更好的体验,为游客创造一个良好的游玩环境。

(六)强调居民参与,兼顾利益分配

乡村体育旅游资源的开发强调居民参与,兼顾利益分配协调。我国乡村体育旅游的发展应当以乡村社区为核心,将农业、农村、农民联系起来,将旅游业作为推动乡村经济发展的重要支撑,帮助农民从乡村体育旅游业的发展中获得直接的经济效益,鼓励和支持更多的农民对旅游产品进行生产,直接参与乡村体育旅游的管理,通过对乡村体育旅游的规划、管理和经营,实现利益的协调分配。乡村体育旅游政策的发展不能仅仅局限于景区景点的管理和景区周边设施和旅行社的管理,还应当增加居民的参与度,将居民参与作为旅游景区规划的不可或缺的一部分。没有当地居民参与的旅游活

动是无法具有生命力的，只有当地居民在乡村体育旅游中积极参与，才能推动乡村体育旅游的长期发展，形成和谐统一的局面。

在乌兹别克斯坦，特别关注社区参与式的乡村体育旅游，游客可以被允许去拜访不同类型的农家，和城镇、乡村甚至沙漠里的游牧民族同吃同住。而当地的人们既友好又热情，十分热心地协助游客骑马、挤牛奶、割草、纺织、采蘑菇，游客和居民的关系就像好朋友一样，这种方式既让游客有宾至如归的感觉，又激发了居民的主人翁责任感，有利于环境和传统习俗的保护，形成双赢。

（七）突出特色，打造品牌

小浪底库区在发展乡村体育旅游的过程中，除了要强调居民参与之外，还要强调旅游业的发展与当地的经济、文化、政治、生态文明相协调，突出特色，打造品牌。特色是乡村体育旅游吸引游客的核心，也是乡村体育旅游提高知名度的重要支撑。近年来，小浪底库区投入巨额资金不断完善基础设施，利用广播电视、新媒体等进行宣传，有步骤、有层次、有计划地形成了一个宣传网络，例如黛眉山景区在宣传过程中就组织书法家和民间采风团体等来宣传当地的旅游资源，这一做法也受到了其他地区的好评，获得了很好的经济效益和社会效益。2014 年举办了美丽乡村文化旅游节，在活动中有许多摄影爱好者和诗词爱好者来到这里参观游览，旅游节以锦绣河山、诗意生活为主题，带领前来游玩的游客领略当地的山水风光，活动中有钓鱼、诗词接龙和品诗三个项目，游客们通过赏花、摄影和垂钓，不仅能够放松身心，而且能够满足亲近大自然的心理需求。同时，乡村体育旅游的发展也应当有配套的旅游纪念品，旅游纪念品的开发也对周边的土特农产品的发展起到推动作用。

（八）强调随意休闲，营造安逸氛围

乡村体育旅游最突出的特点就是强调轻松随意，游客们在休闲的穿着下，带上自己的亲朋好友或者自己的宠物来体验一种随意和慵懒的生活方式。乡村体育旅游要想取得更好的经济效益，应当着重在乡村休闲氛围上下功夫，通过采用不同的营销策略和经营手段为游客们营造一种舒适安逸的氛围。例如，瑞士有一种农家度假产品——稻草之旅，在稻草之旅中游客们白天在农场体验生活，晚上就用自己的睡袋睡在谷仓中，身下稻草的芳香

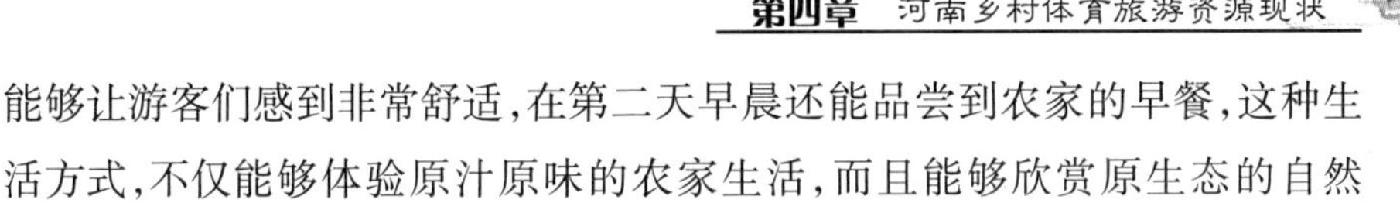

能够让游客们感到非常舒适,在第二天早晨还能品尝到农家的早餐,这种生活方式,不仅能够体验原汁原味的农家生活,而且能够欣赏原生态的自然风光。

(九)意识与法规双管齐下

小浪底库区在开发乡村体育旅游资源的过程中严格遵循《中华人民共和国环境保护法》等法律法规,在项目开发之前都要对当地的环境做评估,评估合格的项目才允许开发。在开发过程中重视生态环境的保护,不乱砍滥伐,在矿区及时植树造林,保护当地的生态环境,同时积极协调与当地人民群众之间的关系,将景区内的餐饮、住宿、接待等农民可以办的、力所能及的事情交给农民做,帮助更多的当地农民顺利实现就业,提高了农民参与乡村体育旅游建设的积极性,也加快了当地农民的脱贫步伐,使当地农民真正享受到乡村体育旅游带来的福利。小浪底库区在建设的过程中加强对于环境的管理和立法,有针对性地根据当地的生态环境做一定的补充,例如:通过管理法规和规章制度,要求保护小浪底库区的生态环境,摒弃以往的竭泽而渔的开发方式;在开发过程中对旅游景区的生态环境及时进行评估;将生态环境保护纳入当地的教育培养计划,让当地的孩子从小就认识到生态环境保护的重要性,并自觉保护当地的自然景观和人文景观;通过政府广泛的宣传,调动全民行动的积极性,从实际行动出发,在舒适安逸的大自然中达到天人合一的和谐境地。小浪底水利枢纽工程是仅次于长江三峡的大型水利工程,近年来,随着水利建设的速度越来越快,各种人工景观也在不断涌现,对于库区水资源的开发和利用,各级政府也非常重视,库区内的水上项目开发应当符合乡村体育旅游开发的条件,同时利用库区水资源丰富的特点来发展旅游业,对乡村体育旅游的项目做进一步的补充,这也是一种新型的水利旅游发展模式。乡村体育旅游具有很高的综合效益,能够对当地的农业产业结构进行调整,帮助当地发展特色种植业,为当地居民创造更多的就业机会,增加当地村民收入,不断改善库区的生存环境和基础设施。对于小浪底库区要坚持统一规划,科学管理,遵循旅游业发展的自然规律,同时合理地发挥主观能动性,通过各种途径融资,充分利用好国家的政策,找到一条独特的体育旅游发展道路。

第四节　河南乡村体育旅游资源开发的作用、成效与难题

体育旅游这种新的旅游形式顺应了当前人们休闲和健身的需要，具有广阔的前景。科学地开发体育旅游资源，能够对该地区产生积极的社会、经济、生态三大效益，因此具有积极的现实意义。

一、河南乡村体育旅游资源开发的作用

（一）体育旅游资源开发能够促进本地区的经济发展

对于长期居住在城市地区的人们而言，河南地区优美的自然风光令人向往，河南是我国的人口大省，也是我国的农业大省，但是由于多种因素的影响，河南经济不够发达，交通相对闭塞，尤其是农村地区，闭塞的交通阻碍了当地经济的发展。如何通过乡村体育旅游的发展促进当地经济发展是政府需要考虑的重要问题。就河南当地的自然环境来看，当地拥有丰富的旅游资源，发展体育旅游也能够吸引城市居民前来参观和游玩，乡村体育旅游作为一种高档的消费活动，它会涉及旅游的食、宿、行、游、购、娱六个方面，因此，发展乡村体育旅游能够带动与旅游相关产业的发展，从而不断改善景区的交通、住宿、餐饮和通信基础设施建设，给当地居民提供更多的就业岗位，也为当地的土特产品走向全国开辟新的销售渠道，从而促进当地经济的发展。体育旅游除了对当地的经济效益产生重大影响之外，也会带来一些负面的影响，因为体育旅游业属于第三产业，会受到当地的交通、通信等行业的影响，因此，体育旅游的发展具有很强的依托性，这种依托性也表明了它自身的脆弱性，一旦某一要素发生变化就会影响体育旅游的长期发展。因此，在发展乡村体育旅游的过程中应当处理好各个行业之间的关系。

（二）体育旅游资源开发是促进当地旅游业发展的一个新动力

体育旅游也是一种高依托性的产业，是一种关联性很强的产业，体育旅游业的发展能够带动当地的基础设施、住宿、餐饮、金融、通信、交通的发展，并能够带动当地居民顺利实现就业，因此具有良好的发展前景。河南各个县区要依托当地的自然资源，把体育旅游业作为当地经济发展的重要支撑，

给予优先发展。目前,河南乡村体育旅游业的发展仍处于初级的观光旅游阶段,大部分旅游所带来的价值主要来自于观光游玩所产生的经济价值,这也是体育旅游业发展最初的必经阶段,想要体育旅游业发展取得更大的经济效益,就不能仅仅满足于观光旅游,而是要顺应市场的发展,不断转变思路,开发出更多的旅游项目和更好的旅游产品。河南旅游资源丰富,开发体育旅游具有广阔的市场,如何将各个旅游资源相互协调,大有文章可做。体育旅游资源的发展应当符合当地旅游市场的发展需求,遵循旅游市场发展规律,通过有层次、有计划、有步骤地进行开发,不断丰富当地的旅游业,通过优化当地的旅游产品推动河南乡村体育旅游的发展向更高层次上迈进,同时满足不同层次的游客多样化、个性化的需求。

(三)体育旅游资源开发是发展民族体育事业和保护民俗文化的需要

河南是一个古老的省份,在河南境内有多个有特色的民族,在长期的生产和发展中形成了鲜明的民族特色,创造出了优秀的民俗文化,这些民俗文化具有浓郁的少数民族特色,也是我国珍贵的非物质文化保护遗产。近年来,随着经济的发展和文化交流的逐渐深入及其他因素的影响,该地区的风俗习惯保留相对完整,体育活动逐渐向优秀民俗文化传承方面转变。在这一背景下,当地人有责任保护和传承民俗文化,通过对民俗文化的继承和发展来吸引更多的游客参观当地的文化项目。因此,乡村体育旅游的发展一方面是通过不断丰富乡村体育旅游项目,让旅游者感受到旅游项目的丰富多彩,另一方面也应当是对民俗文化的继承和发扬。为使这些民俗和民族传统文化得到保护和延续,可采用两种方式:一是通过政府出资,加大财政投入力度。但是,由于当地的经济状况,仅依靠政府的财力是很难解决问题的。二是发展体育旅游业,形成一套商业化的表现方式。虽然通过旅游经营方式体现不是最理想的方式,但毕竟可以起到一定作用。

二、河南乡村体育旅游资源开发的成效

(一)整合资源,集中力量实施品牌战略

单一的观光旅游不能满足人们个性化、多层次的旅游需求,旅游景区的项目建设千篇一律也导致景区内同质化竞争激烈,打造乡村体育旅游景点的市场竞争力就必须发展具有特色的体育旅游产品。乡村体育旅游的发展

离不开基础设施的完善和品牌的建设，品牌的知名度和传播度在现代旅游市场上具有关键作用。乡村体育旅游如果没有强大的品牌作为支撑，就不可能有很好的传播度。河南乡村体育旅游的发展刚刚处于起步阶段，与其他旅游大省相比，缺乏核心竞争力。因此，打造精品的体育旅游品牌具有重要意义。从河南近年来发展体育旅游的状况看，能够运用于体育旅游方面的财力、物力、人力相对来说比较匮乏，因此需要政府积极的政策鼓励和支持，旅游景区管理者要通过宣传促销等方式将资源进行整合，通过集中力量办大事的方式来实施品牌战略，在形成知名品牌之后，不断完善基础设施，提升乡村体育旅游地的品牌形象。

（二）创新体育旅游产品，不断丰富体育旅游产品体系

体育旅游产品主要依靠新、奇、特来吸引游客的游玩兴趣，这也是对体育旅游产品的要求。体育旅游产品的经营者除了要打造市场的核心竞争力，也需要在体育旅游产品方面不断创新，满足不同层次的游客的需求，这也是河南体育旅游开发中急需解决的问题。随着改革开放的发展，我国的经济得到快速发展，经济结构调整不断深入，经济的发展也带来了旅游发展的黄金期。1998 年，河南将旅游产业列为重点产业之后，乡村体育旅游也得到了快速发展。无论是产业规模还是市场接待能力、基础设施建设等方面都有了很大提高，传统旅游业不断调整结构，重新受到大家的喜爱。与发达国家相比，我国乡村体育旅游起步较晚，发展速度较慢，发展程度不高，在基础设施等方面仍然不够完善，对于乡村体育旅游产品的开发深度不够，在体育旅游品牌宣传力度、生态环境保护等方面也仍然存在着一些不足。

三、河南乡村体育旅游资源开发须破解的难题

河南乡村体育旅游的发展受到整体旅游业发展程度的制约，有着一些共性的“先天”不足。但另一方面，基于体育旅游的特点，相对于传统旅游项目的开发又暴露出一些“个性”的问题。从对河南体育旅游业界调查访问了解到的情况看，当前的乡村体育旅游资源开发有着以下几个急需破解的难题。

（一）管理体制滞后，缺乏政策引导

对于体育旅游经营者进行问卷调查后发现，目前河南在乡村体育旅游

方面没有制定专门的政策，不少地方政府直接将景区的经营权卖给商家，而不管商家如何经营，难以在发展体育旅游业上形成有效的协调配合，也没有相应的管理手段和宏观调控能力。

1. 体育旅游业归属不明

乡村体育旅游是一个综合性的项目，它需要体育和旅游两个部门的协调配合，进行跨行业的管理，但由于多方面原因，体育部门和旅游管理部门无法形成有效的配合，体育旅游业归属不明。调查研究发现，虽然河南省文化和旅游厅已认识到乡村体育旅游对于乡村经济发展的重要意义，但是仍然把乡村体育旅游理解为一种特殊的旅游方式，只有竞技性和专业性较强的攀岩、户外拓展、登山等活动才被列为体育旅游之中，不能凸显体育旅游和其他旅游相比的特色。而体育局则只是简单地对体育旅游活动中的内容进行指导，管理制度的滞后导致对于乡村体育旅游政策的出台不利，影响了体育旅游的健康长期发展。

2. 缺乏政策扶持

调查研究发现，河南乡村体育旅游的发展缺乏相关政策扶持，部分景区一直靠母公司的贴补才得以支撑，而当地旅游部门却未给予任何帮助和扶植，如果是一般小公司，早坚持不下去了。另对河南现在开展的有体育旅游项目的旅行社的调查发现，大部分只将体育旅游视为“接待任务，偶尔为之，不做盈利打算”。而河南现有的几家专门从事体育旅游项目的体育旅行社，也必须依靠相当数量的传统旅游项目来“贴补”。可见，没有政策的扶持，对体育旅游这种新兴体育产业的发展是相当不利的。

（二）法律法规不健全

一方面，河南针对乡村体育旅游方面的法律法规不健全，很难对乡村体育旅游的发展进行统一的规划、指导和监督，像户外探险、攀岩、蹦极等这种竞技性较强并有一定风险的户外运动给乡村体育旅游的发展带来了不少安全隐患。比如追寻太阳部落越野赛，这种乡村体育旅游项目要求报名者必须具有专业的中国汽车运动联合会颁发的越野执照，而实际上大部分车手没有比赛执照，营运方要求所有前来的游客在游玩前需要签署任何意外自己负责的责任书，这都是由于缺乏法律保护而采取的措施。又比如在一些户外探险项目中，相关旅行社向游客提供统一的救生设备，对参与探险游客

的身高、体重、年龄缺少严格限制,从而导致意外的发生。据统计,由于法律法规不健全,河南每年都会在乡村体育旅游中出现安全事故。因此,完善乡村体育旅游的相关法律法规对乡村体育旅游的发展具有重要意义。另一方面,在乡村体育旅游中有些安全保障体系需要进一步加强,以漂流为例,河南开展乡村体育旅游中漂流这一项目由来已久,漂流运动最先兴起是在外国的漂流俱乐部,近年来,随着人们生活水平的提高及生活方式的转变,越来越多的年轻人爱上了漂流,随着漂流爱好者的迅速增加,漂流事故的发生率也在逐年攀升。

(三)体育旅游人力资源缺乏

河南乡村体育旅游发展中人才的缺口很大,调查研究发现,郑州大学体育学院设置了一个与体育旅游相关的专业,但是招生数量有限,而现在从事体育旅游的运营者通常不具有体育旅游相关专业知识,对于事故的处理及专业知识的掌握严重不足。体育旅游人才的培养需要从体育旅游项目的开发、体育旅游市场的核心定位、品牌的宣传推广及经营管理等多个方面进行培养,还需要体育旅游人才掌握一些专业技能。因此,乡村体育旅游人才的缺乏影响了乡村体育旅游的长期可持续发展。

(四)河南人消费观念的制约

河南人的消费观念也是制约乡村体育旅游蓬勃发展的因素。由于河南经济不够发达,属于人口大省,乡村体育旅游发展方面仍处于初级阶段,对于体育旅游项目的开展仍然不够,人们对于体育健身的需求不够旺盛。据统计,有过半广州人选择每周锻炼三次以上,河南省选择每周锻炼三次以上的人所占的比例却不高。河南省体育锻炼意识的薄弱体现在体育旅游上,大部分游客只愿意参加一些娱乐性较强的体育旅游项目,而那些需要一定的技巧和体力的项目则很少有人参加。因此,要转变河南人的消费观念,真正做到强身健体和修心健身,不断提高河南人的体育锻炼意识,同时政府通过全民健身活动的开展为河南创造良好的健身氛围,引导人们改变传统的消费习惯。

第五章

河南传统乡村体育旅游产业设计——以农家乐为例

第一节　河南农家乐休闲体育旅游开发的基础

一、河南农家乐的资源基础

改革开放以来随着我国经济快速发展，我国的休闲体育发展速度不断加快，休闲体育旅游逐渐在现代人生活中占据较大比例。在计划经济时代，不具备旅游的条件，而随着时代的发展，人们对于物质和精神文化的需求大幅度增加，休闲体育旅游不仅能够满足人们休闲化、娱乐化的消费需求，而且休闲体育旅游崇尚人与自然的融合，提倡人们回归自然，返璞归真，体验田园风光，感受田园生活的乐趣。体育旅游中体育锻炼对人们的身心是一种放松和调节，是一种休息娱乐的重要方式，当今社会竞争压力日益激烈，生活节奏越来越快，休闲体育旅游对现代人紧张的生活是一种情绪的释放。现代人长期在城市生活，进行体育健身的渠道只有健身房和健身俱乐部，但健身房这些场所通常都需要在城市中进行，无法摆脱城市的喧嚣。因此，越来越多的人在节假日和周末会选择休闲体育旅游，休闲体育旅游不同于传统的景区拥挤的人群，能够满足人们外出观光旅游的需求。本章以农家乐休闲体育旅游为案例，探究传统休闲体育旅游项目的设计。

截至目前河南郑州近郊有农家乐 6000 余家，与近两年估算并且公认的

5000家左右规模的河南农家乐相比,呈进一步扩展的态势。这客观上表明,河南农家乐旅游和全国各地的农家乐旅游一样,有着它存在的合理性,有着深厚的发展基础和进一步发展的极大潜力,也足以证明农家乐旅游这种独特的乡村旅游形式,将是河南旅游需求的发展趋势之一。但也应该看到,数量的不断增长并不真正代表农家乐的繁荣程度和发展水平。因为:其一,农家乐的数量是一个变动的量,比如某风景区的农家乐,旺季时有1000多家,能够坚持常年经营的则仅有20多家;其二,数量的增加实际上就是低水平重复建设的延续,表明农家乐量的扩张与质的提升失衡,其内部发展的不平衡状况在加剧。

由于种种局限,在农家乐旅游过程中,景点与游客之间缺乏有效的连接纽带和互动的沟通渠道,旅游内容单调乏味,缺乏文化内涵,激发不出游客的兴趣和动力。不少游客高兴而来,却败兴而归,农家乐旅游对游客来说,有一时的新鲜感,却没有长久的吸引力。城市居民对农家乐旅游充满的渴盼与实际旅游效果之间形成的巨大反差,严重影响了游客重游或反复游的兴致,也使得各农家乐企业的发展很不平衡,绝大多数农家乐处于半商半农、惨淡的经营状态,整体效益长期不能呈正比增长。乡村体育旅游的目标市场和客源主体是城市居民,这个群体的文化层次相对较高,有一定的文化品位和内在质量,是其产生经济效益的前提。

在河南乡村农家乐旅游未来的发展中,能否把握好这种健康文化消费的时代趋势,把属于文化范畴的体育活动融入其中,在农家乐旅游开发中培育和扩展客源市场,求得效益和规模的同步发展,这既关系农家乐经营户收入的提高、生活条件的改善,也关系周边地区普通城市居民的文化生活质量,更关系河南旅游业的总体发展及产业结构的调整。因此,从河南未来乡村农家乐旅游可持续发展的战略高度,从市区居民与周边农民资源互补、共同构建和谐发展社会的高度探讨新时期河南乡村农家乐的新型发展模式,无疑具有紧迫的现实必要性。而体育旅游这种刚刚起步发展的新型旅游形式,与一般旅游之间有着天然的兼容性,其中的体育休闲旅游,又与农家乐旅游的休闲娱乐特性有许多共通之处。立足于休闲、健康这一富有时代特征的生活方式,探讨体育休闲旅游与农家乐旅游的结合与相融,并面对河南城乡实际情况,研究与构建新时期河南乡村农家乐旅游的新型发展模式,设

计把体育休闲项目融入农家乐旅游的发展对策,具有较强的实践价值。

二、河南农家乐的开发模式类型

农家乐旅游是城镇居民到周边农村的旅游,由这一旅游行为而延伸出了独特的资源利用空间范围。这个空间的分布,有它自身的特点和规律,符合特定的地域结构和功能。根据河南省的地形和城乡交错情况,农家乐主要集中在中东部平原地区和南部丘陵地区,并大致呈以下分布,呈现出其相应的特点。

(一)分布在中东部平原上

由农家乐的位置和距离城市的远近,又可以分为两种类型。

1. 环城农家乐圈

以河南省城区为核心,其他区、县为次中心,分别形成紧靠城市的环城农家乐旅游圈。核心农家乐旅游圈涵盖次中心农家乐旅游圈,但后者的内涵更小,外延更大,即客源市场更广,经营范围更宽。

环城农家乐圈位于城郊,由城郊弃农经商的农户或城里的个体工商户、投资商,利用近郊自然风景和人工培植的花园苗圃,为城市旅游者提供一些较为初级的旅游接待与服务,主要是餐饮娱乐服务。其特点是距离市区居住地近,公交车可以到达,居民出行比较方便,不需要费时费力在旅途中奔波。但环城农家乐紧靠城区,经营面积小,自然景观少,取而代之的通常是人造景观,建筑风格、装饰材料、餐饮用具、生活习性等虽然力求寻觅乡村遗风,但又不自觉地带上了城市特点的烙印,其外貌特征基本上是一道装修得古色古香的围墙加上庭院、花园,规模大一点的,一般选在溪水边、小河旁,借此增添景色和雅趣。其间档次规格参差不齐,风格没有多大差别。由于投资小,可观、可感、可参与、可娱乐的内容奇缺,因而消费水平低,容易为工薪阶层所接受,适合居民工作日上班时间以外或周末一日半日的短暂休闲。有旅游旺季,但没有绝对的淡季,属于放松型农家乐。

2. 乡村农家乐群

分布于距离市区 20 ~ 30 千米的乡村,是具备特色资源的区域性农家乐,借助于自然生态优势形成了多户集成的群体,特色突出,呈片区经营。各片区农家乐又有各自的特产和特色,风格各有千秋,或因景色成就美名,或因

花果陶醉游人,或因物产招徕访客。总体上是以自然田园风光取胜,人工雕琢的痕迹明显减少。

乡村农家乐地势开阔,活动空间大,游客可以坐观景色,也可以走走看看,还可以参与一些活动,自由体验乡情野趣、民俗风情,和现代城市生活比起来别有一番情趣,是市民向往的乡村旅游地,通常可以提供较有特色的餐饮和住宿。旅游随农事的变化有明显季节性,春夏两季是旺季,秋冬季节鲜有游客。由于距离市区略远,到达方式是自驾车或短途客运,出行受交通、时间等条件的限制,需要计划安排和事先准备,适合附近城市有车、有时间、有闲情逸致的群体周末一至二日度假游,如一家人、朋友及参会人员度假休闲,属于度假型农家乐。

(二)旅游风景地带农家乐

即围绕著名旅游风景区形成的农家乐旅游圈。这类农家乐没有自己的景观和娱乐活动项目,对旅游景点的依赖性强,基本只提供价格比较低廉的餐饮和住宿服务,属于客栈型农家乐。景区的营业活动集中在每年的5～10月,这些农家乐也随着旅游旺季的到来拉客抢生意,到了秋冬季节,因为景区少有游客,也就基本处于停业状态,有明显季节性。游客中有散客和专门前来避暑度假或疗养的中老年人等,但都不是稳定的客源。经营者基本上是景区附近的农民,旅游旺季时专心做生意接待客人,农忙时又转而投身农事,两头兼顾,服务非专业化。这些地点自驾车或中短途客车可以抵达,适合工薪阶层、学生等低收入者节假日或周末选择消费。

三、河南农家乐旅游的发展困惑与改进措施

(一)河南农家乐旅游开发存在的问题

河南乡村农家乐经过二十多年的发展,无论在经营企业数量、规模,还是在旅游服务的种类、质量等方面都发生了很大变化,取得了长足的进步。然而,与先进的西方国家的乡村旅游发展状况相比,与城市游客对农家乐的期望相比,其发展水平还有相当差距,在河南旅游产业结构体系中,所占分量显得比较薄弱,也没有进入国际国内休闲旅游的主流消费市场,有待进一步探索和总结。

农家乐旅游作为乡村旅游的一种表现形式,既是生态旅游,也是一个复

杂的多层面的游乐活动。它的吸引人之处在于其宁静优美的生态环境、天然的自然景观及纯朴的乡村生活方式、民俗文化等,同时也可以是特殊兴趣的自然度假、徒步旅行、登山和骑马游、运动与健康游等,包含丰富的自然体验内容,具有一定的游乐及运动健身功能。目前,河南乡村农家乐旅游在生态性和游乐性的开发上都存在明显问题,缺乏适宜的旅游活动产品,没有足以吸引游客参与的、长效的游乐办法和措施,任凭旺季游客爆满、淡季门可罗雀的无奈境况年复一年,很多是勉强维持,远远谈不上形成规模和产业,其开发状况表现出起步阶段的种种特征。造成这样的局面有多方面的原因,从农家乐旅游的活动开发这个角度看,目前河南乡村农家乐旅游存在以下问题。

(1)开发意识上,视野和管理水平有限,对农家乐的开发及发展方向无从把握。受知识的局限和小农意识的影响,多数从业人员对农家乐旅游的内涵、本质归属不很清楚,对自身的资源并不知晓,对游客的需求无从理解,重设施建设轻环境营造。其开发的档次和较低价位的服务虽然适应了农家乐经营的大众化特点,但缺乏前瞻性和战略发展规划,制约了长远效益和社会效益的发挥。

(2)开发规模上,普遍规模小、分布散。多数农家乐都是小型经营户,通常以住家的前庭后院为主要活动范围。农家乐之间,往往各扯各的旗,各吹各的号,各自招揽各自的客人,各人打理自家的生意,彼此为阵,互不相干,大有鸡犬相闻而老死不相往来的传统农耕文化遗风,联合、协作的意识不强,规模效益差,市场竞争能力弱,而且缺乏邻近景观的照应和组合互补。

(3)开发层面上,基本滞留于观光、采摘的自发初级的浏览层面,没有深入挖掘乡村旅游资源的文化内涵,没有营造出乡村与农家特色生活与文化氛围,乡村农家乐旅游发展的精髓应该是文化和精神层面的东西。

(4)开发模式上,单一雷同,缺乏趣味。在农家乐旅游提供的家庭接待服务中,吃和住等内容比较容易融入乡情民俗的意味,而对于“游”的理解,虽然见仁见智,却表现出了惊人的相似。这样的情景确实让少部分游客沉浸在棋牌交错、其乐融融的氛围之中,但单一的模式使得更多游客无从选择,更谈不上兴趣和参与。

乡村体育旅游能稳定而持久地生产下去的高质量旅游产品,没有形成

一批真正的特色品牌，表现出了对农业生产收获活动和传统节庆活动的极大依赖。从整个行业看，低档次产品多，名牌产品少。同时，开发和创新投入不足，更新慢，新产品开发无力，显得后劲不足，无法带动、引导省内乃至国内农家乐旅游市场需求向高层次发展。

(5)开发项目上，一般限于娱乐类活动，很少有体育类及其他文化类的休闲项目。

(6)开发配套上，缺少农家乐旅游专线和富有特色的专门交通工具。位于交通干道沿线的农家乐毕竟是少数，更多的比较地道、“农”味更浓、人们更想游的农家乐，则散落于阡陌纵横的广大乡村，很多地方没有方便可行的交通线路可以抵达，也没有专车或其他带有农家风味的特色旅游交通工具可以乘坐，举家或朋友邀约前往出游，即使自驾车，也受阻于泥泞的乡村道路，更谈不上乡村旅途中所带来的快乐享受。

(二)河南农家乐旅游开发的对策思考

总体上说，河南乡村农家乐旅游这些年来始终时冷时热，一盘散沙，难以有实质性的升温迹象，整个行业相对于传统旅游业发展来说明显滞后。但是，作为一种新兴的特色旅游类型，它也正面临前所未有的发展机遇。

随着社会经济的发展和小康社会的建设，城市居民逐渐富裕，休闲时间增多，生态、健康的休闲生活方式成为时尚并且日益推广。在这种新的生活方式的引领下，城市居民娱乐健身需求日益增长，出游频率增高，旅游方式灵活多样，中短途旅游、自驾车旅游、自寻景点旅游等前所未见的新的旅游现象不断涌现。旅游消费选择的多元化，使传统旅游市场呈现多样化、多层面发展趋势，休闲度假旅游逐渐盛行，都市周边中短途距离的乡村游日益成为城市居民的关注和选择。

同时，随着城市的扩大与发展，城市居民的居住环境日益现代化，这无疑使人与自然的距离越来越远，背离了人类生于自然、归于自然的天然属性。而农家乐地处城市与原始自然生态的交界地带。乡村旅游者产生的旅游动机，也就是城市人在假期充分利用近郊乡村的优美景观、自然环境、文化等资源满足回归自然的需求。农家乐旅游为城市居民开辟了回归自然的途径，是人类追求本真生活的一种旅游活动形式，其所特有的休闲度假游乐功能也受到城市人群青睐。

河南乡村农家乐旅游作为一种时尚休闲旅游方式，只有把握好人们的休闲心态，迎合都市人亲近自然、娱乐健身的消费心理，开发出以自然田园风光为基础、以民风民俗为核心、可以亲身体验和参与的丰富多彩的游玩活动，为城市居民提供丰富舒适的休闲健身娱乐场所，满足城市人较高层次的精神文化需求，才能最大限度激发需求动机，赢得市场并保持生命力。这也是河南乡村农家乐旅游面临的一个新挑战、新方向。

同样是时尚休闲方式的体育休闲旅游，与农家乐旅游之间有着广泛的结合基础和活动内容的密切兼容，两者的结合，是实现河南乡村旅游产业资源配置的一种很好的形式，由此提出把体育项目融入河南乡村农家乐旅游活动的发展对策。我们将尝试从旅游项目的设置这个旅游开发的核心因素入手，解决农家乐旅游开发中存在的一些问题，弥补农家乐旅游活动项目的诸多空白。

第二节　农家乐与休闲体育

体育和旅游两者都是使体力与智力相结合的有关身体的活动，通过有计划、有组织的体育活动可以改变人们的身心状况、完善自我、开发潜能、增强体质，是人类文化生活中不可或缺的重要活动形式，与政治、经济、文化、社会等因素相互关联、相互交融、相互影响、协调发展。推广乡村体育旅游的开发，是有客观现实依据的。提出把体育项目融入河南乡村农家乐旅游活动的构想，其基础在于以下方面。

一、体育项目与农家乐旅游活动的关联性

在物质生活达到了一定的水平以后，人们希望的是身心健康，精力充沛，具有良好的社会适应能力。旅游和体育锻炼这两种源远流长的社会文化活动，都成为人们熟知、热爱并自觉或不自觉地优先选择的实现身心健康的热门途径。或者选择旅游（包括农家乐旅游），在游玩中放松和锻炼；或者选择体育项目，在运动中健身和娱乐；或者把两者结合起来开展活动，最终都达到了愉悦心情、健康身体的效果。应该说，旅游与体育之间有着不可分割的天然联系，尤其是个性化的中短途度假旅游与大众化娱乐性的休闲体

育之间更是相互交融,没有十分明确的界限。其关联表现在以下几个方面。

(一)综合功能上的关联

功能是人们基于客观事物本质属性基础上的主观认识。休闲性体育项目所蕴含的功能,和农家乐旅游活动的功能在一些方面是重合的。

1. 趣味娱乐功能

随着生活水平的提高,越来越多的农家乐活动丰富多样,农家乐旅游的主要目的是游玩,短暂地抛开繁忙的工作和嘈杂喧闹的生活环境,前往乡村观赏田园景色,亲近自然风光,享受自然赋予的清新和幽静,感受与城市生活完全不同的另一面,从中获得新鲜感和乐趣,因而农家乐旅游是城市人娱乐的一种高级有效的方式。

乡村体育旅游活动之所以得到越来越多群众的喜爱,其原因是体育与旅游等文化艺术活动一样具有较强的娱乐功能,是娱乐休闲的一种极好形式。由于体育休闲的形式多样,因此成为现代社会人们休闲娱乐的重要组成部分。无论是打球、跑步等有氧耐力性项目,还是传统民俗体育活动及徒步、垂钓等自然体验活动或者地方特色娱乐项目,都可以使人乐趣相生、心旷神怡,给个人、家庭和社会带来更多的快乐与幸福。其娱乐功能将会随着人们休闲需求的增长而得到发展与繁荣。

2. 强健身心功能

在信息化、知识化、科技化高度发展的现代社会,高效率、快节奏已经成为社会活动的基本方式。现代都市人没有时间和场地锻炼身体,体质普遍下降。在电脑前、书桌上长时间工作和学习,视觉疲劳,头晕目眩。被林立的水泥高楼所包围,视野受阻,心绪郁闷。在社会竞争日益加剧的背景下,人们对健身的需求比以往更加主动和强烈,英年早逝的不幸事实也一再提醒人们要关注和投资健康。农家乐旅游和体育休闲锻炼都可以帮助人们实现身心强健的愿望。

城里人利用周末或节假日走出城市,到乡下呼吸一点新鲜空气,尝一顿农家饭菜,走一走,动一动,不在乎是否是风景区,是否人多热闹,只乐得有益于身体健康,调节与消除不良情绪,积极休息以蓄积更好的精神和体力。同样,体育最主要的作用是帮助人们强身健体,增强体质,提高社会适应能力。调查研究发现,休闲体育运动不仅能够增强现代人的身体免疫能力,帮

助人们放松情绪，释放压力，而且经常参与体育活动的人比很少参与或者从不参与体育活动的人更容易获得良好的情绪。休闲体育运动的主要目的是娱乐和休闲，它不像竞技体育那样充满激烈性和对抗性，也避免了人们因为竞技体育的失败而带来心理负担。因此，休闲体育的发展，无论是从身体健康方面还是从精神建设方面都对现代人不会造成任何压力，可以让人们在轻松愉快的氛围中，通过体育运动的参与而忘却在工作中的压力和烦恼，从而获得身心的愉悦状态。

3. 教育功能

许多家长、老人带小孩或举家到农家乐出游，潜意识里是想通过这一活动：对自己，能感受和回味农村的现实生活，了解当地风土人情、民俗文化；对孩子，则是让他们多一些经历和见识，通过亲眼观摩农民的劳作、农业生产过程，体验艰辛的农业劳动和收获的来之不易，学习劳动者们吃苦耐劳、锲而不舍的奋斗精神，最终使自己和孩子都受到教育，从中求知求趣。这表明，农家乐旅游不只是一种简单的休闲娱乐活动，它还可以是一种情感体验，一种人生经历，可以通过这种旅游活动来丰富知识，陶冶情操，提高素养。

体育也是一种教育。首先，体育是一种意志教育。体育运动一般都是要流汗、吃苦的，运动的过程能够培养人们的奋斗精神，鼓励人们不屈服于困难，战胜困难。这与农业生产劳动过程是一个道理。其次，体育是一种能够让人们身心愉悦的教育。人们在参与体育活动的过程中不仅能增强团队合作，而且能培养吃苦耐劳的品质，能获得自我满足的心理体验。再次，体育是一种协作教育。体育活动是一种集体性的社会活动，经常参与体育活动不仅能够培养人们的团队协作意识，还能够培养与人沟通交往的能力，在体育活动中除了要发挥自身的作用和价值，还要懂得谦让，培养积极宽容的好品质，能够将心比心地理解他人，从而在良好的人际关系中找到自己的价值。

体育的教育功能与农家乐旅游的教育功能是有着某种相通性的。一些体育活动本身就是农村文化生活的一部分。在农家乐旅游过程中融入和农村生活紧密结合的体育活动项目，可以收到更为丰富有效的教育效果。

4. 交流与沟通功能

快节奏的生活方式，使城市居民整天忙于在工作单位与家庭之间奔波，疏忽了人与人之间的交流；家家关门闭户的生活环境，无形中也阻碍了人与人之间的正常交往，失去很多学习沟通技巧和表达方式的机会。因此，人们之间迫切希望进行交流合作，而体育旅游的发展可以让人们得到在工作和其他社会生活中不能得到的乐趣和满足。

农家乐旅游正是通过为人们提供广阔的乡村场所，让人们有平台和机会在一起相互交流感情，倾听彼此的心声，在活动中进行愉快的心理释放，从而有效地促进人际交往，提高自身的社会适应能力。休闲体育运动的发展为人们之间的沟通和交流架起了一座桥梁，有利于增进人们之间的感情，增强集体的凝聚力。在参与体育运动的过程中，可以结识许多不同身份、年龄、性别的人，促进人与人之间的相互了解，不断丰富人们的精神世界，增强人与人之间的感情。

5. 审美功能

城市旅游者走出喧嚣的闹市，投身自然的怀抱，既是一种解脱和逃避，更是一种人性的回归。农家乐旅游的发展使人们体验不同于城市的田园风光，学习传统农耕文明，在体验大自然所带来的乐趣中找到人生的价值。这样的体验和快感无疑是一种精神世界的审美情感。旅游需要归根到底来自于人类的审美需要。农家乐旅游固然是物质的消费，但意识深处却是满足精神需求的文化活动和审美活动。

同样，体育活动也包含了许多审美趣味。体育运动能够促进自身与社会的交流，帮助人们培养坚韧不拔的性格和百折不挠的勇气，带着这种勇往直前的精神不断激励自己，在前行的道路上克服困难，迎难而上，不断追寻新的希望和美好幸福的生活。人们在参与体育运动的过程中，不仅精神得到了升华，而且身体素质得到了提高，更加具有朝气。

（二）活动形式上的关联

农家乐旅游地往往圈地筑墙，把园内景致与原始田园风光隔离开来，而园内通常占地面积小，活动范围窄，不仅风景单调乏味，设施极其简陋，而且经营者的服务意识十分淡薄，对游客的需求缺乏应有的理解与默契，使游客可观可感的东西实在太少，以现有开发模式，纯粹的观赏或游览并非农家乐

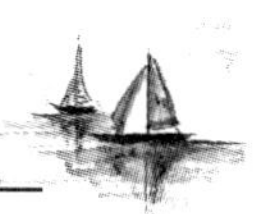

的强项。河南乡村农家乐旅游应该定位于一种带有浓厚休闲性、娱乐性和趣味性的旅游形式,在这种旅游形式中,活动项目开展和休闲娱乐体育活动的开发显得至关重要,具有很强的人为开发性。

适应这个特点,河南乡村农家乐在这方面已经做了很多尝试,因地制宜提供一些活动,尽可能吸引旅游者。较为普遍的活动是:打牌、下棋、聊天、会友,配备跷跷板、秋千、乒乓球、台球等设施。比较有特色、和当地风俗结合紧密、具有旅游开发价值的传统民俗活动有:爬山、烧烤、篝火、斗鸡、赶车、赛马、游泳、赛风筝、走高跷、爬竹竿接力等。乡村传统劳作如推独轮车运货、摘新菜、采莲藕、做豆腐、捉螃蟹、抓泥鳅、踩水车、放牛羊等,在宽阔的场地、小小的山坡,还可以野外沐浴、林荫漫步、自助野炊。就小型农家乐而言,活动中体育项目少,只有少数大型一点的农庄或休闲度假村,才有一些网球、保龄球、游泳池、高尔夫球等较为高档的体育设施。

以上所述及的由农家乐开办的各种类型的娱乐休闲活动,基本上都可以说是体育活动,属于大众化的体育休闲活动范畴。其中的一些民俗活动如赛风筝、爬竹竿、荡秋千、跳绳等,是大众消费层尤其是女性喜爱的体育活动。这些活动的共同特点是:简便易行,小型多样,趣味多多,技能技术要求不高,体能消耗少。在这里,从事力量性练习项目的人几乎没有,尤其是女性,多数人练习的目的就是娱乐、增添情趣和锻炼身体。可见,农家乐旅游过程中,本身已经包含和开展了体育活动,说明体育活动与农家乐旅游并不矛盾,相反是可以相容的。

二、把体育项目融入农家乐旅游活动的必要性

(一)城市文化延伸的需要

位于中原地区的河南具有四季宜人的气候,良好的生活环境,秀美多姿的景色,浓郁的民俗风情,浓厚的历史文化氛围,无不营造出独具特色的休闲情调,也正是河南人出行游赏的理想乐园。平原核心地带的黄河、洛河、沁河等地,竹林茅舍星星点点,坪坝菜花连绵成片,池塘垂柳绕堤借翠,小桥流水温情脉脉,不失为城区外围的绿色屏障和天然花园;近郊浅丘,树木葱茏,植被完好,花果飘香,空气清新。整个城区外围的自然生态环境和十里不同风、百里不同俗的民俗氛围,明显有别于高楼云集、寸土寸金、人口密度

大、空气污染明显的市区，和城区绿地稀少的情况及那些地势狭小、多年没有变化的常规景点比起来，对城市居民来说更为新鲜刺激。城里人在一周、一月或一段时间紧张的工作、学习后，能够走出狭小的住房、拥挤的街道，离开嘈杂的氛围，远离空气污染，到郊外开阔的田野去呼吸新鲜空气，既让自己的身体在高压之后得到休息，又使自己的心灵在嘈杂之后得到久违的安宁，还可以寻找一些运动休闲的乐趣，这是他们对农家乐普遍的心理期待。

而河南人虽然有游赏、体验休闲文化的强烈意识，但多数人并不愿意花时间和金钱远赴著名景点去参加那些惊险刺激、对体能和意志要求都比较高的体育旅游活动，通常是就近考虑休闲旅游地，力所能及地参加一些活动。从距离上看，城市周边分布在环城市一带的农家乐，交通便利，出城方便。而距离市区较远的一些著名乡村农家乐群，依靠纵横分布的多种等级的交通网络，自驾车出游也比较容易到达。市民也具备了自助出游农郊的条件。农家乐便宜的消费也颇具魅力。以休闲度假为目的的家庭或团体方式出游农家乐并参加一些消费不高、自娱自乐的锻炼活动不仅方便实惠，也能为满足城市人的休闲文化需求提供有效途径。

（二）乡村文化传承的需要

华北平原土壤肥沃，历来以耕作著称。农民有较好的天然条件获得较好的收成，平静而自在地过着农耕生活。如果用西方体育视角衡量，可能认为华北平原农村几乎没有什么体育活动。事实上，华北平原广大农村不仅是有体育的，而且拥有独特的体育民俗活动，比如，村落性的有特殊意义的游艺民俗活动舞龙、舞狮子，群体性的竞技民俗活动赛龙舟、游泳、拔河、登山、放风筝、踢毽子、跳绳、跳石子、推鸡公车、转陀螺、斗鸡及少儿群体游戏，个体性的活动武术、气功等。另外，随着教育的普及，现代球类运动在乡村学校的学生中普遍推广，乒乓球、羽毛球等小球运动在成人中也开展较多。这些活动的共同特点是：以传统体育项目为主，闲散的、独享的活动多，融入了一些易于操作、较为普及的现代体育活动。

这些看起来比较简单的活动，其实孕育了丰富的内涵，活动的内容构成了乡村民俗文化的一部分。从文化传承的角度看，现代乡村旅游不仅应该继承这些活动，而且应该进一步发扬光大，挖掘其极具潜力的文化功能。传统农村要走向现代化，必须有现代文化进入农民的生活，其发展仅靠自身承

袭传统而隔绝脱离现代体育是不行的。同时,把现代体育推向乡村,也是一种必要和发展趋势。事实证明,充满生机的地区,往往是现代体育开展得比较多的地区。村民从事什么体育娱乐活动,就形成其相应的文化取向。因而,引入积极健康的现代体育休闲活动项目,以激发和补充乡村传统体育活动,是农村体育更新发展的需要,是乡村文化传承的需要,也是解决农村文化生活单调乏味现象的一种有效途径。当然,人为地引入需要在成熟或适宜的条件下,并且还要适当保留和发扬传统体育,使现代体育消融在传统体育的世俗结构之中,这样在乡村开展的体育活动才会有扎实的文化底蕴和真实的魅力,也才能更为长久地传承下去。在这样一个文化传承的过程中,通过农家乐旅游这种形式,把现代体育活动融入其中,是比较顺其自然的做法。

(三)城乡体育旅游联动发展的需要

把休闲生活方式推广到农村、在农家乐旅游中融入适当的体育休闲活动项目,并不只是单方面有利于城市休闲体育发展或单方面有利于农村体育发展的对策。城市对开展体育休闲运动的需求与农村吸纳包容现代体育的需要,在农家乐旅游形式中可以找到契合点,两者协作联动,才能互相促进,资源互补,共同发展,达到互利双赢的效果。

河南的城区与周边乡村虽然同处一地,但多年来城乡发展不平衡,生活方式、文化氛围差异明显。乡村虽然自然生态、人文景观保持良好,具有多姿多彩的体育休闲旅游资源及开发优势,但仍然处于农耕状态,开放开发程度较低,社会环境长期封闭,经济发展落后,其自然环境优势和地域优势远远没有发挥出来。而高度外向性的体育旅游业,是打破这种封闭障碍的手段之一。通过农家乐旅游这种形式,在旅游活动中以游客需求为根本,根据旅游者兴趣、爱好的变化并结合农村当地实际和文化发展需要,设计和开发相应的体育活动项目,不断加以改进和创新,向客源市场提供内容丰富、功能完善的服务产品,大力吸引热衷于体育活动、热爱健康的城市游客前来消费。由此带来的人流、物流及技术、人才、信息、资金等,在一定程度上可以打破相对封闭状态,促进城郊和乡村的开放开发。同时,人流、物流及技术、人才、信息、资金向乡村的转移,也为城市体育旅游的发展开辟了一条新的出路,拓展了更为广阔的生存空间。通过体育休闲活动这一纽带,才能把城

市休闲体育和乡村体育的发展对接起来，才能将城市居民中萌发的回归自然、找寻和更新自我的新型休闲需求和农民对脱贫致富、建设美好家园的渴望联系起来，建立一种促进心灵沟通和返璞归真切身体验的新型旅游关系，一定程度上将旅游资源优势转变为经济优势，在城乡游客互动中带动推动农家乐旅游持续稳定地发展，并带动城乡体育旅游产业的发展。农家乐旅游是城里人提高生活质量的一种新形式，也是农民致富的一个新渠道。

（四）农家乐产品升级和可持续发展的需要

河南乡村开发较早的一批农家乐，包括曾经成名的品牌农家乐，安于现成的乡村旅游资源而不进行旅游产品的更新和升级换代，因为满足不了人们的需求而不再时尚，有的甚至逐渐被人们淡忘，旧的客源不断流失，昔日的繁荣风光难现，经济效益明显下滑，出现不可避免的衰退迹象。

而后起之秀的一大批农家乐，注意吸取老农家乐的教训，注重高规格的设计规划和上档次的多功能开发，在迎合城市游客文化品位上下功夫，尤其把具有人本色彩的健身康体作为重大主题来考虑，其开发的有趣的活动项目、崭新的旅游产品、丰富的旅游内容，越来越显示出不可抗拒的魅力，以此吸引游客并推动游客量稳步增长，形成新的经济增长点。

开展乡村旅游所依托的资源，是充满生气与兴旺景象的、能将游人融于其中的环境、氛围和活动。在这些因素中，活动的开展是最具活力和创意的内容，与人的秉性和需求息息相关。只有开发好旅游活动，充分满足游客需求，才能实现旅游业自身的繁荣与发展，实现可持续发展。传统农家乐旅游单调乏味的传统旅游产品，已经不为现代城市游客所选择，到了非改不可的地步。社会的发展、人们观念的进步、健康休闲需求的增长，都对农家乐的发展提出了与时俱进的要求。事实证明，在农家乐旅游中大张旗鼓地开展具有民风民俗特色的文体活动，是吸引游客和稳定目标市场的有效途径，是农家乐产品升级的需要，也是其可持续发展的需要。

三、把体育项目融入农家乐旅游活动的可行性

（一）市民休闲生活方式的改变有利于促进体育健身活动的开展

河南城区市民作为河南乡村农家乐旅游的客源主体，其休闲心态和休闲生活方式的取舍，直接影响到农家乐旅游活动内容的选择。积极向上的

休闲心态,会让人选择健康有益的休闲活动。目前河南表现出来的一个新的消费趋势是:请人流汗成为新时尚,休闲河南追求动感休闲。

近些年入夏以来,一股强劲的民间运动潮便席卷全城,从游泳馆到健身房,从网球场到羽毛球场,从骑自行车到登山……无数河南人投入这股热潮,无论是朋友相聚、公司活动还是网友碰头、车友相约,很多人都离开麻将桌,投入了“请人吃饭,不如请人流汗”的各项运动。

现在的河南游泳场馆,在春秋两季和长假期间这些运动健身业的传统经营淡季,情况出现了大“逆转”,更多的运动正在被往常爱打麻将、一坐就是几小时的河南人所追捧。据了解,最近两年,足球、排球、乒乓球、门球、高尔夫球及骑马等项目也在不同层面的市民中流行开来。除传统的运动项目外,登山也逐渐成了一种新时尚。一场自下而上的群众运动热潮正在对市民早已司空见惯的陈旧生活方式进行挑战,健康、新鲜的休闲生活方式正在促进河南人体育健身观念的形成。

(二)城市空间有限使运动休闲场所向乡村转移

与河南日益高涨的体育锻炼热潮不协调的是,市区体育锻炼、休闲健身的场地设施严重缺乏。目前,河南最火爆的民间体育运动项目是羽毛球。业内人士称,眼下郑州市羽毛球场地不超过200块,对外开放的专业羽毛球馆20多家,而打球者超过30万人,河南省体育馆、郑州市体育馆这些人们熟知的羽毛球馆经常提前被预订一空,有的由民间人士投资兴建的场馆,经常要等上两三个小时才有空位。遍布郑州市的各大健身房更是生意兴隆,不少比较高档的健身会所年费都已翻番,但应者仍然激增。

体育运动的火爆,从另一个侧面反映了河南专业运动场馆数量少、无法满足消费者需求的尴尬。虽然相关部门已经在着手努力解决,但是目前单独针对体育产业鼓励民间资本投资的政策还没有。今后,将靠政府投入和社会力量共同打造。

在城市中一些健身场所面对公众开放,往往收费价格较高,场所内通过高档体育设施和私人教练课程为前来健身的消费者提供服务。但是由于价格昂贵,普通消费者难办理。而社区开设的供社区居民使用的健身场所往往数量不多,设施简陋,开展体育活动等条件较差,无法满足城市居民日益增长的体育消费需求。河南开展休闲体育健身的场所在市区内很难得到发

展的空间。随着社会经济的发展健身场所逐渐向周边地区的广大乡村进行转移，乡村地区空间广阔，物价较低，在开展体育项目过程中还能够体验农家乐，已经成为市民心目中新的期待。

四、休闲体育与农家乐结合对于项目建设意义的提升

把体育项目融入河南乡村农家乐旅游活动中，对农家乐旅游具有以下影响和作用。

（一）适应健康生活方式，开辟新的发展路子

河南市民有闲暇的时间、传统和较强的休闲意识，但缺乏积极向上的休闲健身活动。农家乐旅游客观上使市民具有休闲健身的时间和空间。在这一旅游过程中，如能提供多种游乐型体育休闲项目，可以使游客充分利用闲暇的机会，在自然生态环境中轻松愉快地参加有益身心的娱乐健身活动，既充实其闲暇的无聊，又有助于推广健康生活方式，也能把游客的被动观光变为主动的游览和参与，从而以特有的方式将城市游客整合到乡村旅游开发过程中来，形成旅游过程与游客互为依存、彼此促进的联动格局，为农家乐旅游自身的发展开辟新的正确的路子。

（二）开发户外健身活动项目，充分利用农家休闲资源

环绕河南市区的广袤平原和平原四周起伏的浅丘地形，客观上是城市居民方便的户外活动区域。借助这些饶有特色的休闲旅游资源，因地制宜开发体育休闲旅游基地，开展和当地自然景观、人文风情相协调的户外运动项目，可以吸引城市人出城参与高品位的户外活动，以此引导人们的时尚消费，也充分利用农家休闲资源。从发达国家乡村体育旅游的成功经验看，充分开发资源和户外活动项目，是郊区旅游具有特色的重要原因。

（三）开展体育休闲活动，提高农家乐旅游文化品位

河南农家乐旅游活动的必备项目是麻将。这项单调乏味的活动的广泛普及，不但给农家乐的声誉带来负面影响，也淡化了人们对农家乐的兴趣。而游客往往是因为他们感兴趣才回头。开发趣味高、参与性强、文化内涵丰富的新型旅游项目势在必行。在城郊农家乐开展一些赋予动感与活力的现代休闲体育活动，在乡村农家乐开展一些自然浪漫的休闲娱乐活动，促使流

行的打牌、吃喝等游玩方式向具有文化特色的娱乐项目转变,可以推动河南乡村农家乐朝健康化、高品位发展以适应时代的要求。

(四)促使农家乐增大规模,提高综合服务功能

各自为政的河南乡村农家乐,以其现有的规模与实力,只能维持小打小闹、举步维艰的局面。相比之下,国外乡村旅游度假地,不但投入多、规模大,而且功能全。芬兰的乡村旅游通常都有相当的规模,旅游活动十分丰富,搞得很红火。距离首都赫尔辛基145千米的伊洛拉私人农场,占地90公顷,有十几座木制农舍、大片的农田和森林,根据季节的不同,客人或在湖中垂钓、划船和游泳,或到林中远足、摘浆果、采蘑菇,或在冰上钓鱼,或在森林雪道上滑雪、坐雪橇。度假期间,不但成人过得充实有趣,小孩子也从这些活动和经历中受到了教育并获得了快乐。其成功的经营也给我们一个启示:多种类型的体育游乐项目融入乡村旅游,其中,游乐项目和体育设施的多少、质量的高低,往往成为主要吸引游客的内容。

(五)弥补季节缺陷,促进重复消费

河南乡村农家乐旅游无法解决的一个难题就是:受时令季节的限制,有分明的淡旺季,旅游高峰相对集中于"五一""十一"黄金周。而体育休闲运动不受气候季节限制,一年四季都可以开展,在农家乐活动中融入配套的、与当地民风民俗相适应的游乐体育项目,可以填补旅游活动的空白,弥补其淡季经营的缺陷,还可以由此带动相关消费,延长旅游者的滞留时间。而且体育活动可以长期重复进行,这样又可以引导旅游者到固定地方重复消费,形成相对稳定的客源。

(六)联动多方开发,促进政府扶持

在农家乐经营集中的地带创建大众化的健身、娱乐设施,对体育娱乐项目进行规划,牵涉交通、通信、基础设施等多方面的开发与建设,由此带来的资金投入、政策倾斜、科技引导及各种社会力量尤其是政府管理部门的关注与扶持,无疑给农家乐的发展带来了新的机遇。美国在发展乡村体育旅游的过程中,主要依靠当地政府进行政策的帮扶和支持。为了使乡村体育旅游得到健康有序的发展,美国政府在提供服务的过程中,通过做好各项配套服务工作、制定积极的政策来鼓励当地居民参与农家乐的发展,在发展农家

乐的过程中,不会趁机收取当地居民的费用,从而提高居民参与旅游建设的积极性和主动性。除此之外,地方政府也非常注重交通、通信等基础设施的建设,给游客们提供更好的旅游服务,降低游客们在旅行过程中的成本,不断拓展客源市场。通过做好旅游用地的规划来解决乡村体育旅游发展空间的问题。有鉴于此,在政府管理部门等的扶持配合下,当城市居民出行和城乡之间的沟通有更为便利的条件时,农家乐的游乐体育设施也必将迎来更多的旅游者和消费者。

第三节　河南农家乐休闲体育旅游开发模式构建的原则与路径

一、开发模式构建的原则

在河南开发乡村体育旅游需要掌握以下原则。

第一,根据乡村体育旅游发展的自身特点,在传统的娱乐项目的基础上,将传统和现代进行融合,并根据地域特色,融入当地的风俗习惯。

第二,根据游客不同层次的需求,结合当地的自然风光和旅游资源进行正确的市场定位,在市场定位过程中要突出乡村体育旅游的特色,并符合当地的经济发展条件。

第三,在农村淳朴的人文环境之中,突出乡村体育旅游所具有的休闲趣味性,增加乡村体育旅游的魅力。

第四,在乡村体育旅游项目中设计一些当地村民和游客都能够共同参与的娱乐项目,在娱乐项目的设计中,要照顾到老年人和儿童的需求,在项目选择中应选择成本较低、简单易操作的项目。

二、开发模式构建的路径

河南乡村农家乐以单家独户独自经营为主,占地面积也小,前庭后院摆设了用以品茗、棋牌及餐饮的桌椅等设施以后,已经没有多大活动空间,院内景致和陈设已成定制的格式,要在这样的弹丸之地设置丰富有趣的体育活动项目是不现实的,规模有限、封闭经营始终是农家乐提升综合服务功能

的致命弱点。即使在规模可观的乡村农家乐，各家虽然连户成片，比比皆是的篱笆墙仍然隔离出了分明的界线，彼此无法冲破牢固的藩篱、家族经营的状态进行联合开发，真正形成集游、食、宿、行、娱、购于一体的产业链。鉴于此，可从融入途径、融入方式、融入类型的角度，分别构建把体育项目融入河南乡村农家乐旅游的不同模式。

（一）融入途径模式

1. 内部融入式

着眼于已有的农家乐，进行内部各要素的重新组合，通过政府的主导，吸引外资涌入，引导农家乐通过合资、合作等方式组合，多方面多角度整合旅游资源，不断扩大农家乐的规模用地，在保持农家乐原有特色的基础上，不断扩大经营品种，对乡村体育旅游进行中长期的发展规划，通过新建体育运动场所、配置简便易行的体育活动器材、增设体育休闲活动项目，为游客提供富有民俗风情的大众化的体育服务，让游客在闲散、自在、随意、轻松中参与锻炼和娱乐。所设置的项目多是传统的、人们喜闻乐见的游乐项目，投入不多，不需要特别技巧技能，体力消耗量因人而定，随人所长。有的项目可以免费提供设施，如羽毛球、乒乓球、网球，包括到附近不加任何修饰的池塘里游泳、垂钓、放舟。特别是对于新奇旅游项目的开发，如野外探险、划船等，需要收取相关体验费用，收取的费用应当和当地的发展水平相适应。还可以派专人演练踩水车、推鸡公车等劳作技能，让游客能够充分参与其中。这种模式以丰富农家乐活动、增添乡村旅游情趣为目的。通过资源整合，自身也完善了硬件设施，提高了服务水准。

2. 外部注入式

外部注入式强调乡村体育旅游的发展应当着眼于农家乐景区的开发基础，近年来，农家乐发展较为成熟，能够从外部吸引更多的投资者前来投资兴建基础设施，开发符合现代人消费习惯的娱乐项目，同时为游客们提供专门的技术指导和信息咨询等多项服务。在游客休息和住宿的区域提供健身、美容、养生及疾病预防等知识讲座，满足不同层次游客的需求。在开发旅游项目的过程中应当与农家乐进行区分，所经营的项目和风格应与当地的风土人情相协调。外部注入式主要是通过向游客提供丰富多彩的娱乐项目来补充农家乐旅游存在的不足，以体育休闲运动为主要特色，设置专业体育运动设施，开发中高档体育运动项目，满足游客，特别是比较固定的回头客休闲健身的需要。这种专门场所需要引进有关技术和人才，有一定专业水准，投入较大，成本较高，消费相对于农家乐高，从不同方面服务于游客。

（二）融入方式模式

1. 乡村健身休闲俱乐部

乡村健身休闲俱乐部建在环城农家乐圈的近郊范围，作为环城农家乐开展各种体育活动的基本组织形式。融入途径为外部注入，俱乐部投资者、组织者为农家乐业主，开设目的是为城市人提供乡村自然环境的休闲、健身、娱乐场所。新建乡村体育旅游基础设施方面要强调其与户外体育场的区别，在外形的设计方面应当与当地的自然环境相协调，同时在娱乐场所设置会议室、更衣室等。根据旅游活动所容纳的游客规模，开展不同的游乐项目，并注意与当地居民关系的协调。在单个体育项目的开展中，应当突出当地特色。乡村体育旅游与城市健身场所相比，场地宽广，可选择的项目较多，城市居民可以利用周末和节假日来游玩，游玩活动时间比较随意，因此，城市居民在游玩的过程中能够放松身心。农家乐生活服务方面应当突出当地特色，不断降低旅游成本。

2. 体育休闲乐园

体育休闲乐园的建设应与当地的农家乐的整体相适应，在发展的过程中，应当利用有限的土地，通过统一建设与环境相适应的体育设施，将乡村的环境与体育锻炼的场所联系起来，游客在欣赏美丽的自然风光的同时，也能够在健身场所进行体育锻炼。在锻炼的过程中通过丰富多彩的体育游戏，如蹦床、打乒乓球、游泳、接力赛、拉力赛等增加乡村体育旅游的乐趣。同时，在对于乡村体育旅游项目的建设中应当重视活动的特色和休闲性，并与传统的旅游方式相区别，在旅游的过程中，突出人与自然天人合一的和谐关系，为游客们提供一个既能充分娱乐，又能够放松身心的宜人环境。

3. 体育休闲农庄

体育休闲农庄应当建在农家乐和旅游点相连接的地方，从而衔接多个自然景点，在多种旅游项目的基础上来进行建设。体育休闲农庄的建设要强调农庄的休闲随意的特点，淡化旅游的淡旺季，农庄一年四季都可以向游客开放，春天游客可以在草坪上踏青赏花，夏天可以游泳、划船，秋天可以在

树林中摘果子,冬天则可以滑冰。在体育休闲农庄还可以建设文化展馆,让游客们能够充分感受到庄园的历史文化,同时在文化展馆中还可以进行民族舞蹈表演。在体育休闲农庄通往其他景点的途中,通过建设林荫小道的方式并配备古香古色的马车等古朴的交通方式,让都市生活的游客耳目一新,给游客提供梦幻般的乡村之旅。融入途径为内部融入。能因地制宜开发各类设施,如射击的场地、遛马的通道、戏水的池塘、野炊的树林和山坡,还要具备有一定体育知识的从业人员。以民俗体育活动项目为主,可开展的项目有:较为平和的如徒步、秋千、跳绳、钓鱼、登山;较为刺激的如骑马、赶车、斗牛、射击、打猎、野炊、野营、山地自行车;高科技的如热气球也可以尝试。

4. 农郊野营地

农郊野营地可以建在距离农家乐稍远的地方,建设农郊野营地要突出生态旅游环境的特点。秀美的小河,绿色的山坡,丰富的果园,依山傍水地开展农郊野营,为城市的游客提供住宿、餐饮、游玩等服务,让游客在娴静的游玩过程中得到放松和娱乐。在农郊野营地可以配备一些具有当地特色的小木屋、小帐篷、睡袋等生活用品。同时,鼓励游客们进行野炊,为游客们提供厨具,游客们可以自己去野外寻找食材。游客们在野外寻找食材的过程中,能够充分享受到大自然的馈赠,体验生活的乐趣,在人与自然的和谐关系中不仅锻炼了自身的身体素质,而且提高了野外生存及战胜困难的能力。

(三)融入类型模式

1. 自主式

由农家乐业主提供富有休闲娱乐特色的体育活动基本设施,设置多种类型的、能够协调于乡村自然风景和人文景致之中的体育娱乐项目,包括收费项目和免费提供的项目。根据游客们的个人喜好及身体健康状况,设定不同层次的旅游项目,或单个项目,或组合项目,或个人参加,或家庭成员、亲戚朋友共同参加,不受时间、空间的制约,强调乡村体育旅游的休闲和随意。自主式体育活动不以活动本身为目的,而是强调把人的活动融于自然之中,在人与自然和谐的关系中,感受生命的意义,体验生活的乐趣,比较适合开展的是参与型的娱乐项目。这是河南乡村农家乐目前已有文体活动中最自然最普及的一种游客参与方式。

2. 组织式

由农家乐业主根据游客的要求，统一组织开展大家共同感兴趣的体育休闲活动项目。借助农家乐已有场地、环境和体育活动设施，聘请商业化体育活动公司的专职人员前来组织开展新奇、时髦、趣味、刺激的体育游戏，并根据活动量和专业水准情况，收取活动经费。重点在活动上做文章，活动内容上，力求以新奇性、精彩性吸引游客；活动形式上，以团队来组织，对众多游客分组分角色，让角色与角色之间互相配合，组别与组别之间互相竞赛，既有对抗性，又有观赏性，不仅营造出活跃的气氛，也调动了游客的参与积极性，使参与者在娱乐中健身，并从中感悟竞争意识和团队协作精神，给人以教育。这种方式可以有效而又低成本弥补农家乐旅游没有活动、少有乐趣的缺陷，适合成人、学生团体型旅游。如大型一点的度假村，就采取这种形式聘请专人指导开展彩弹野战游戏等活动，有的一天之内邀请三个专业队的教练前来组织不同的活动，把游客的旅游过程搞得新鲜刺激，自身效益也明显上升。这样，才能使河南乡村农家乐旅游在全国同类行业中始终独树一帜，具有举足轻重的地位。

农家乐旅游应该开展什么活动、生产什么旅游产品，要以消费者的选择为取舍。农家乐旅游只有帮助城市游客实现旅游价值追求，满足他们在乡村休闲、娱乐、健身的需求，才能有效地迎合游客千差万别的需求，保持旺盛的生命力，最终求得自身的发展。河南乡村农家乐旅游能够发展到现在这个阶段，取得不可小视的成就，一个重要的原因，就是它抓住了时代变迁所带来的机遇，顺应了人们生活方式的改变，借助于田园风光，在一定时期一定程度上满足了城市居民喜爱乡情野趣、回归自然的精神文化需求。

河南乡村体育旅游的发展应当与农家乐旅游相适应，并与河南的经济、政治、文化发展相适应，在选择休闲体育旅游的过程中，应当融入农家乐的乐趣，将体育旅游与农家乐旅游结合起来，开发具有当地特色的乡村体育旅游服务，不断增加乡村体育旅游项目的内容。提高景区的服务水平，通过乡村体育旅游独特的魅力为都市居民提供良好的休闲娱乐场所，实现城市和乡村的协调发展，同时也可为全国其他地区农家乐旅游开发提供借鉴。

第六章

新兴体育旅游项目——有氧运动的开发设计

第一节　有氧运动的作用

慢跑是非常重要的一种有氧运动方式，可以增强力量、速度、耐力、灵敏性和协调性等身体素质，并且通过跑的锻炼培养意志品质。走和跑是人类最原始、最简单的动作和技能，在竞技体育的更高、更快、更强的精神照耀下，这些东西曾一度被淹没掉，似乎离人们越来越远。近年来，随着技术和体育事业的飞速发展、人们认识水平的不断提高，有氧健身走、跑的价值被人们更清楚地认识了。目前，在发达国家，喜爱此项目的人越来越多，比例很高，特别是中老年人，已经成为他们生活的一部分。

具体来说，有氧健身走、跑的作用主要包括以下几方面。

一、对心血管系统的作用

长期以来，研究者对于跑步的意义和作用有了较多的论述，慢跑对于治疗身体的慢性疾病有很好的作用，也是预防心脑血管疾病最有效的方法之一，心血管系统对人体来说具有重要意义，它是人体营养和血液传输的生命运输线，它将营养传输到身体的每个细胞，帮助身体各项组织进行新陈代谢，同时又把身体代谢的废弃物排出体外，因此，经常从事体育锻炼和跑步的人心脑血管要比不经常运动的人功能明显增强。

首先，心肌肥厚，心腔增大。经常进行体育锻炼和慢跑的人的心脏与不经常锻炼的人相比要粗壮有力。这些人的心脏外形饱满，跳动有力，每一次心脏跳动的输血量也较不运动的人要多。调查研究发现，经常进行体育锻炼的青少年比不参加体育锻炼的青少年，每次脉搏跳动的输血量要增加10%。

其次，心动徐缓，心跳减慢。经常从事健身锻炼的人，每次脉搏跳动血液输出量增加，导致心跳次数相对减少。在正常状态下，每分钟心跳需要输出5000毫升血液能够满足人体正常新陈代谢。如果每一次脉搏跳动需要输出75毫升血液，心脏就需要跳动67次。而一个运动员每次心脏跳动输出的血量为100毫升，心脏跳动50次就足够全身新陈代谢。因此经常进行体育锻炼的人心跳减慢，心脏有更多的时间获得休息。因此在工作能力方面也更加持久。

再次，血管变粗，毛细血管数量增多。经常从事健身锻炼和慢跑的人群，随着心脑血管功能的增强，毛细血管数量也逐渐增多，从而降低了身体组织的工作量，身体各个组织有足够的氧气进行正常的新陈代谢，不仅增强了身体排泄废物的能力，而且提高了骨骼的耐力，人就不容易产生疲劳感。血管变粗，毛细血管增多，患心脏病风险降低，经常从事体育锻炼能够使血管的口径变粗，与不锻炼的人相比输送血液量多，血液充足，不容易产生疲劳。

最后，经常进行健身跑步还能够帮助某些心脏疾病得到痊愈。美国飞行员阿特·亚林顿长期从事超音速战斗机驾驶，在驾驶中成绩出众，曾经驾驶总时长超过2300小时，但是在30岁体检时出现心脏心肌性贫血引起冠状动脉功能降低，患上这种心脏疾病的他被迫放弃心爱的飞行事业，改做地勤工作。医生肯尼斯·库珀让他从走开始锻炼，第1周走1600米，第2周走3200米，身体反应良好。然后进行跑步，库珀按体力最差级别人的运动要求制定了运动处方，让亚林顿先跑1600米，当用9分钟能跑完1600米时，再增加跑的距离。亚林顿决心很大，天天苦练，在2个月后就把距离增加到了4800米，又过2个月，他能用40分钟跑完8000米了。经过一年多的长跑锻炼，库珀利用活动跑台给他进行了机能测试，在监测他的心电图变化的同时，加大运动量和强度，让他持续跑15分钟，他的最大耗氧量为每分钟60

升，每分钟心跳未超过180次。亚林顿没有被困难打倒，他决心重回蓝天，便在医生的指导下积极进行健身锻炼，在经过长达两年的健身和慢跑锻炼中他的心脏疾病得到痊愈，在体检测试中，被批准具有返回飞行员岗位的身体素质，他的这一经历也被人们当作传奇，医生在检查中发现他的冠状动脉与常人相比异常发达，问他是如何进行康复锻炼的，亚林顿回答说："我经常进行体育健身和慢跑。"

我国有一些医疗单位采用慢跑治疗冠心病，收到显著的疗效。如江苏省淮安市某中心卫生院的医生，就是采用健身跑的方法治愈了11名患者。这些患者中，年龄最大的为66岁，最小的为36岁；病程最长的为18年，最短的为半年以上，多数为5～8年；血压最高者为（220～230）毫米汞柱/（120～150）毫米汞柱，最低的为（160～170）毫米汞柱/（100～110）毫米汞柱。这些冠心病患者进行过各种药物治疗，疗效不巩固、远期不理想。医生让这些患者起床后先做几分钟跑步准备活动（上下肢活动），然后根据病情不同、病人心脏功能的不同区别对待，一般是由走步到慢跑再坚持进行长跑。随着心功能的改善，适当增加跑步，由5分钟到10分钟，再到15分钟、20分钟，最后加到30分钟，速度为8～10分钟跑1000米，经过一年左右的慢跑锻炼效果显著。

二、对呼吸系统的作用

人体从自然界吸入氧气，然后经过呼吸系统，排放出二氧化碳，这种过程被称为呼吸。而进行这一运动的呼吸器官包括我们的咽喉和大小支气管，进行体育锻炼和有氧运动能够提升呼吸器官的功能，在跑步时需要频繁地吸入氧气，呼出二氧化碳以提供跑步时所需要的能量。在这种情况下呼吸器官只有提高工作效率，才能够使得呼吸不至于非常急促，主要表现在以下几个方面。

第一，增加最大吸氧量。国外研究证明，按年龄绝对值对比，坚持有氧健身走、跑锻炼的60～70岁老年人吸氧量水平约相当于40～50岁的一般水平的人。

第二，在进行体育锻炼和有氧运动的过程中，为了满足身体各个组织所需要的能量，我们必须加深呼吸的深度，同时还要提高呼吸的频率，这样一

来就能够使呼吸肌得到锻炼。

第三,肺活量增大。长期进行体育锻炼和慢跑的人肺活量要比不经常从事体育锻炼的人大。由于呼吸肌得到锻炼和增强,所以经常进行锻炼的人的肺活量与伏案工作的人相比一般要高出20%左右。

第四,加大呼吸深度。经常从事健身锻炼的人在呼吸的深度方面要比不经常健身锻炼的人深,为了满足人体正常的新陈代谢,呼吸次数相比较少。

三、对肝脏的作用

经常从事健身锻炼和有氧运动的人肝脏功能比一般人要好得多,因此,在对于疾病的免疫力和抵抗力方面也较强。肝脏作为人体重要的消化腺,经常进行有氧运动能够提高对于食物的消化效率。

四、对消化系统的作用

经常从事健身锻炼的人脾胃的消化功能较好,消化液的分泌更多,肠道的蠕动更快,胃的血液流通较快,能够使食物的营养顺利地到达全身的各个细胞。

五、对神经系统的作用

进行健身跑步时必须通过神经系统来动员和协调身体各方面的机能,经常从事健身锻炼能够对神经系统起到加强的作用,长期从事健身锻炼的人神经处于兴奋的状态,对于事物的反应较为敏捷,能够迅速果断地对事物做出反应,对人体的刺激也有较快的反应能力,因此对疾病的抵抗能力也明显增强。

六、预防癌症的作用

有氧健身走、跑的创始人范·阿肯教授对健身走、跑预防癌症的作用进行了研究,经常进行健身锻炼的人与不健身锻炼的人相比,得癌症的概率更低,坚持慢跑和有氧运动的人在不幸患上癌症之后,康复的速度也比不经常锻炼的人快,而且经常进行锻炼的人患癌的死亡率低。

七、使人延年益寿的作用

寿命和心率之间有着重要的关系，在研究各种动物心率和寿命的关系后发现，心率越低寿命越长，也就是说每分钟心脏跳动的次数越少，寿命越长。10次/分以下，其寿命可达百年以上；大象的心率为30次/分，能活70多年；猫的心率为240次/分，能活5～6年；老鼠的心率为900次/分，只能活2年；燕子的心率为1200次/分，仅有一年多的寿命。心率与动物的寿命是呈反比的，这个规律对人类来说也是一样的，在正常的情况下，心率偏低的人寿命长。

人在不运动时心跳的次数减少，奥地利的体育运动科研小组在调查研究中发现，每周都进行有氧运动的50岁的人在体力、耐力等方面与35到40岁这一年龄阶段的人很像，因此，经常参加体育锻炼和有氧运动的人要比不经常锻炼的人年轻十岁左右。德国教授霍尔曼运用现代医学知识对55到70岁的男子进行试验，这些人在之前的20年，从来没有从事过任何体育锻炼和体力劳动，研究者让他们每周进行耐力训练三到五次，每次时长50分钟，坚持十年之后再对他们的身体素质进行检查，发现他们在心脏肌肉等方面的指标与不参加锻炼的人群相比要好得多。日本富山大学对受过训练的运动员进行调查研究发现，受过训练的运动员与不接受训练的运动员相比平均寿命要长五年左右。经常参加长跑和滑雪的运动员与同龄人相比寿命更长，重要原因在于长跑和滑雪运动员在体育比赛结束之后的日常生活中也能从事适度的体育锻炼。综上所述，经常进行体育锻炼及有氧运动能够增强人的身体素质，延长人的寿命。

从健身跑运动的健身作用和锻炼价值分析，从事跑步锻炼具有许多益处，实际上它们的锻炼价值还远不止于此。随着人们物质生活质量和文化水平的提高，广大群众在现代社会生活、工作节奏不断加快的情况下，对强身健体和享受生活的渴望更加强烈，许多人更是把参加健身跑运动作为一种锻炼习惯，成为生活中必不可少的内容。

第二节　有氧运动的类型

一、快步走

快步走是一种适度的体育运动，这种体育运动主要是根据步伐的频率及走路的时长来确定运动量的大小，快步走比较适合中老年人、身体素质较好的运动员和广大的青少年，通过快步走能够增强人的身体素质，增强人的心脑血管和呼吸系统的功能，同时能够帮助人们减轻压力，提高人的心理素质。近年来，随着现代生活节奏的日益加快，快步走能够缓和工作和生活带来的神经肌肉的紧张，从而给人们的身心带来一种镇定和放松的感觉。快步走，要求身体向前倾3°到5°，抬头挺胸，放松背部，收腹提臀，走路的过程中双臂有节奏地进行摆动，手臂高度不得超过前胸，双臂在体侧进行自然摆动，摆动的频率跟步伐的速度相适应，利用身体的平衡尽量保证步伐稳定，在运动的过程中双脚要踩成一条直线，同时同步、有节奏地左右划动，步伐不宜过大，不用试着掌握好所有的姿势，在进行快步走之前做好充分的体育热身，能够帮助人的身体器官保持良好的状态。冬天在进行快步走之前要先进行热身，待身体发热之后再开始进行体育活动。老年人应该以每小时5000米的速度进行，每次的锻炼时间不少于半个小时。

二、散步

散步是一种步法。在所有的健身方法中，散步是最简便易行的。俗话说，“多走路，健心脏”，散步也是我国传统的健身方法，具有增进心脏功能、消化系统功能、肾功能，改善骨骼系统，增强大脑半球皮质功能和调节精神的作用。我国古代医书记载，饭前饭后散步是治疗糖尿病的方法之一。对于患有失眠症的人来说，睡前轻松地散步，则是一副良好的催眠剂。散步是一种比较轻松随意的健身方式，这种健身方式的运动量较小，适合身体肥胖及患有心脏疾病的人群，散步也是最简单易行的运动方式，在散步的过程中心脏会加快收缩，对于身体各个器官的输血量增加，血液的流通速度加快，心血管功能增强，对心脏来说能够起到很好的锻炼作用，同时经常散步的人

能够使心血管的平滑肌得到舒展，提高心血管的弹性，增加毛细血管的数量，有效地降低身体的血压和血糖。散步能够不断改善人的消化系统，促进肠胃的蠕动，提高人的消化能力，减少皮下脂肪的堆积，达到美容瘦身的作用。在散步时要保持良好的身体姿态，只有这样才能收获锻炼的效果。正确的身体姿势应该是抬头挺胸，收臀收腹，头部和脊柱呈一条直线，双肩和背部放松，两臂自然下垂，在走路的过程中目光平视，双臂有节奏地进行摆动，双腿交替屈膝前摆，足跟着地滚动至脚尖时，另一腿屈膝前摆足跟着地，步幅一般为1～2脚。散步宜选环境优美、空气清新、有山水树木的地点进行锻炼。

散步有如下几点练习要求：第一，用脉搏控制运动量。散步因为速度慢，锻炼途中又能够观赏风景和谈谈聊聊，所以运动量不大，每分钟脉搏次数比安静时增加5～10次即可。第二，善于控制步速和步长。散步时不要着急，可以采取一定时间内走一定距离的方法进行控制。第三，持之以恒。散步要成为锻炼者的生活规律和必不可少的锻炼活动内容。第四，循序渐进。散步距离、速度和时间要逐步增加，开始阶段以不感到腰酸腿痛为宜。第五，饭后散步。饭后散步古已有之，我国民间就有“饭后百步走，活到九十九”的说法；古代《内功图说》中介绍的一种“腹功”就是“两手摩腹，移行百步(除食滞)”；唐代医药学家孙思邈活了100多岁，他的《长寿歌》中写道：“食饱行百步，常以手摩腹。”现代医学也认为轻松的散步配合柔和的摩腹，可以促进胃液的分泌和胃的排空，有助于治疗消化不良等症。第六，糖尿病人坚持饭前30分钟结合饭后30分钟的1小时散步，能够降低血糖。第七，睡前散步。如美国前总统尼克松每天早饭前散步3.2千米，晚饭后散步1.6千米再就寝，睡前散步可以促进睡眠。第八，雨中散步。雨中散步虽然在我国还不是很流行，但是欧美一些国家的健身爱好者非常喜欢在细雨中散步，遇到细雨天气就不失时机地外出散步。他们提出的“雨中散步更有利于健康”的说法是有科学依据的：其一，细雨可以洗涤空气中的尘埃和污染物，清新空气，路面也不再起尘土，使人神清气爽；其二，下雨时，空气中的负离子能够促进人体新陈代谢，改善呼吸功能，增强体质，同时还有助于降低血压，预防神经衰弱，并具有抑制癌细胞在体内生长的功能；其三，细雨从空中徐徐降下，具有滋润、光滑皮肤和美容的效果；其四，雨中散步也是一种天然的

冷水浴,能够锻炼和增强机体对外界寒冷的适应能力。雨中散步有四点要求:一是循序渐进。雨中散步对于我们大多数人来说还不习惯,开始时应该进行试探性锻炼。二是做好后续工作。在雨中散步之后,回到家中马上把湿衣服脱下来,冲一个热水澡,用干毛巾擦干净皮肤,有利于促进血液循环。三是持之以恒。有雨的天气外出散步,晴天可以在家用稍冷的水淋浴后再外出散步。四是身体状况良好时进行锻炼。身体不适或生病时,不宜进行雨中散步。

三、赤脚行走

赤脚行走是近年来日益兴起的一种健康的养生方法,赤脚行走能够治疗人体的一些疾病,例如压缩性骨折、足跟骨刺、腰椎间盘突出症等,长期穿鞋走路会导致足部的肌肉逐渐萎缩,选择赤脚行走,能够使脚底板跟地面进行直接接触,凹凸不平的地面能够有效地刺激脚底的各个穴位。赤脚行走能够辅助和治疗各种身体疾病,我国《中医经络学》中就有关于赤脚行走作用的解释。赤脚行走不仅能够提高肠胃的消化能力,而且能够使人们精力充沛,防止人体的衰老,具有延年益寿的作用,赤脚行走跟一般的散步大体一致,不同之处就是在行走过程中要注意脚下的安全,主要应注意以下几点:第一,根据实际条件可以在泥土、草地、海滩、沙地、鹅卵石或人工路面上锻炼,在练习时应该尽量选择没有尖石、碎玻璃等异物的路面;第二,开始锻炼时速度不宜过快;第三,如果足部出现不适,则应该适当减少行走距离;第四,在光线充足的环境下锻炼。

四、走楼梯

走楼梯这种运动方式也被称为是享受上楼的运动方式,居住在楼房的居民利用上楼的机会进行上下走楼梯这一体育锻炼,通过多次的往返和不断重复达到强身健体的作用。走楼梯可以满足不同年龄、不同身体素质、不同锻炼强度人们的需要,走楼梯的运动量比较容易控制。美国健康学家肯尼斯·库珀最早提出走楼梯这一健身方法,他认为走楼梯作为一种有氧运动,能够对人体全身的肌肉进行锻炼。之后其他研究专家指出,通过走楼梯的方式不仅能够提高肌肉的耐力,而且能够保持韧带的柔韧性和下身关节

的灵活性，由于走楼梯是一种综合运动，需要上下肢不停地配合，对于增强心脑血管的功能有一定的效果，经常走楼梯的人心脑血管系统的功能要比不经常锻炼的人更强。另外，长年坚持走楼梯对降低血液中的胆固醇，提高高密度脂蛋白的含量，防止动脉粥样硬化，治疗高血压、冠心病有明显的效果。对于肥胖者来说，还可以减肥。

走楼梯同样可以达到跑步健身的目的。人体运动研究数据表明，走楼梯时消耗的热量比步行多1.7倍，比打乒乓球多1.6倍，比打网球多1.5倍，比骑自行车多1.5倍，比打排球多1.4倍。一个人登楼每爬高1米所消耗的热量，相当于散步28米所消耗的热量；若爬6层楼2~3趟，相当于平地慢跑800~1500米的运动量。美国斯坦福大学巴非巴格博士发现一个人每星期登5000级楼梯（即每日登714级，相当于上下6层楼3次）所消耗的热量约为8372千焦，这种人的死亡率比那些不运动的人下降了25%~33%，因此他们每30年便可延长1年的寿命。按每周6天计算，这就意味着每天登833级楼梯，相当于40层楼，这对大多数人来说并不难。

青少年上楼梯的动作可以是一步几个台阶地跨上去。中老年人在上楼梯时则需要上体微微前倾，有意识地屈膝抬腿，前脚掌撑稳台阶中部，随即蹬伸支撑腿，右腿屈膝抬左腿，前脚掌稳稳地落在上一级的台阶上。两腿交替着不停地登上3~6层的楼梯，稍停，待脉搏恢复正常后继续登。下楼梯的动作是在脉搏恢复平静后开始做，身体微后仰，肌肉放松，用前脚掌有弹性地落在台阶中部。上下楼梯的速度一般是上楼梯慢、下楼梯快。中老年人上楼梯时的速度同散步时的速度为宜，一步一步地上楼。每分钟的呼吸次数比平时多3~5次，脉搏比平时多5~10次为宜。具体练习要求是：第一，锻炼前最好进行一次体检。如有冠心病、高血压、慢性支气管炎、肺气肿、肺心病、支气管哮喘等症，在开始锻炼时应该以慢速度为主。如1分钟上2层楼，休息1分钟，待呼吸平稳后再上2层楼，再休息1分钟。这样经过1~2个月的锻炼以后，可以逐步减少中途休息时间。每次锻炼控制在30分钟以内。第二，开始锻炼上下楼梯时，速度要慢，不要着急，一步一个台阶地踏实。腿脚不灵便者，可以手扶栏杆或借助拐杖上下楼梯。第三，为了锻炼全身力量，可以携带重物上楼梯。最好是两手重量均等，或一只手提重物，另一只手扶楼梯栏杆上楼梯。第四，选择锻炼的楼梯不要太光滑，以防脚下打

滑跌倒。楼梯道要宽敞明亮，光线充足，不要堆放杂物。下楼梯时不要抬头，注意台阶。最好手扶栏杆，缓缓而下，特别是中老年人，避免走空台阶，以防造成下肢骨折、崴脚等伤害事故。在运动的过程中如果感到心慌气短，应当立即停止运动，进行适当休息。第五，在进行体育锻炼之前，注意做好准备活动，主要是由下肢关节的屈伸、绕环，半蹲起，原地踏步和深呼吸组成。开始锻炼时每天走 2 次（早晚各 1 次），逐步增加到每天走 3 次（早、中、晚各 1 次）。

五、倒步走

倒步走即反向行进，人倒退着走步。走路正常是向前行走，而倒步走作为一种反常的行走状态，会让人感觉到身体别扭，增加人行走的难度，在进行倒步走的过程中，人体也需要消耗更多的体能来维持正常的身体平衡。研究数据表明，倒步走在行走过程中消耗的氧气要比正面行走高 32%，心跳速度加快 15%。倒步走会导致血液中的乳酸含量偏高，出现这种身体变化的原因是倒步走增加了走路的难度，需要人体消耗更多的能量来维持身体的平衡，因此，对于氧气和热量的消耗也更多。倒步走作为减肥最有效的健身方法之一，适合不同年龄阶段的身体肥胖者，在倒步走的过程中双腿交替，通过不断向后迈进，加大了大腿和腰部肌肉的承重量。目前，倒步走已经成为康复治疗中非常有用的方式，尤其是对于腰伤的恢复有重要帮助，同时倒步走也有利于人体左右脑的开发，提高身体的灵活性和协调性。倒步走要求在行走的过程中上身保持自然平直，不能抬头，也不能低头，眼睛平视前方。倒步走的过程中通过右腿支撑，左腿向后摆，前脚掌先着地，后脚跟再着地，身体重心逐渐向后移，双臂协同摆动带动身体向后运动。在倒步走过程中，开始阶段眼睛可随同侧腿“左顾右盼”，待平衡能力提高了，就可以眼看前方，步幅一般为 1 ~2 脚。为安全起见，倒步走最好选择人少车稀、地面平坦的直行路段。在速度控制方面，中老年人为 60 步/分，而后逐渐加快步频或加大步长。一般来说，减肥者也可以采用倒步走和倒步跑交替锻炼的方式来提高运动负荷，消耗更多的氧气和能量。具体练习要求是：第一，采用脉搏控制运动量。健康人 90 次/分 ~100 次/分，腰痛病人每分钟脉搏比安静时增加 10 次以上，肥胖者脉搏达到 120 次/分 ~140 次/分。第二，持之以恒。每天早晚各1次,每天走500米以上,根据个人情况选择距离和运动量。第三,循序渐进。倒步走开始因消耗能量较多,减肥见效快。时间长了,动作逐步协调后消耗能量逐步减少。因此,肥胖者在锻炼过程中要逐步增加运动量,如增加走速、走距、走的次数,加负荷走(如腿绑沙袋)等。中老年人则可增加走距,每天锻炼2次,每次30~60分钟,可以采用正向走和倒步走交替练习。第四,结伴锻炼。一人正向走,一人倒步走,两人交替轮换,互相照顾和鼓励,防止意外。

六、踏步走

踏步走是原地走步或稍向前移动的特殊走法,它的作用如同散步。这是一种非常安全的锻炼方法,人人都会,不受年龄、性别、场地和运动量的限制。在课间、工间、饭前、饭后,随时可以进行。民间也有"饭后踏百步,活到一〇五"等延年益寿、健身锻炼的说法。

踏步走的身体姿势是身体直立,双臂自然下垂或屈臂。踏步走的动作要求是双腿交替屈膝抬腿,全脚或前脚掌着地,双臂协同双腿前后直臂或屈臂摆动。屈膝抬腿最高点是大腿抬至髋高,直腿或屈腿落地均可。踏步走适于锻炼空间较小、风雨雪天气、练习者身体不适或行动困难者,最好在室外空气清新的地方锻炼。这种走法只有步频要求,因人而异。踏步走练习开始阶段的步频为30次/分为宜,随着体力的增加,缩短腿的支撑时间,步频可以增加到45次/分。具体练习要求是:第一,采用脉搏控制负荷量。健康者原地快速踏步时的脉搏可以达到180次/分,身体不适者控制在120次/分以下,下肢或心脏有病者控制在70次~90次/分。第二,最好用前脚掌先着地,然后滚动到全脚着地。注意脚的缓冲,身体重量落在前脚掌上。第三,为提高运动量和达到减肥目的,可以进行变速原地高抬腿踏步走。第四,每天进行早晚2次原地踏步走的锻炼,在踏步走中要不断创造出新的组合踏步练习,如踏步4拍一转体、按音乐节拍踏步等。

第三节　有氧运动产品设计分析

综合以往的学者对于有氧运动的研究,有氧运动可以分为渗透融合模

式、重组融合模式和互动延伸融合模式等三种模式，现以渗透融合模式、重组融合模式为例进行分析研究。

一、渗透融合模式

渗透融合模式是指体育产业和旅游产业两者相互渗透，通过双向交叉的渗透不断丰富产业的内涵。近年来，随着人们对于休闲时尚生活方式的追求及对于健康绿色生活的渴望，体育产业向旅游产业渗透已经成为一种新的时尚，给体育健身旅游的发展带来了新的机遇，如山地越野、登山比赛等，这些都是旅游爱好者非常喜爱的体育项目。体育旅游业的发展可以借助大型体育赛事的举办作为载体进行开发，旅游业的发展应当与体育赛事的规划结合起来，利用举办赛事的时间对于旅游品牌进行宣传。前来游玩的游客们可以根据赛事举办的时间来安排旅游行程，不仅能够提高游客们参加体育比赛的积极性，而且能够充分利用体育场馆基础设施，比如野外自行车赛道已经成为乡村体育旅游游客青睐的景点之一。目前，体育产业的发展逐渐向旅游产业进行渗透，旅游产业依赖当地的人文景观形成体育旅游，人们能够在游玩的过程中体验各种体育项目。体育旅游具有很大的市场开发价值，而且具有很强的带动性，能够带动相关产业的发展，旅游景区的人文景观不仅能够增强景区的吸引力，而且能够与体育赛事结合，促进当地文化的继承和发展。

二、重组融合模式

重组融合模式是指通过各个产业之间的密切联系，形成新的旅游产品和旅游服务。体育产业和旅游产业通过重新组合会产生新型的旅游产业，比如泥地竞技比赛及森林马拉松比赛等，吸引更多的游客参与和体验。在特殊节日举办山地自行车赛也能够提高该景区的知名度，拉动人气，起到拉动经济发展的作用。

根据上述模式，基于有氧运动消费行为的调查研究，并考虑到进行有氧运动的可操作性和针对性，融合旅游景区的自然风光和人文景观提出以下四个经典旅游项目。

（一）半程马拉松

在春季踏青的时间举行半程马拉松。马拉松作为一种长跑比赛受到了

很多青少年及中老年朋友的喜爱，半程马拉松由于距离较短，对参赛者的体力和耐力要求不高，游客在参加马拉松的过程中体验到当地的美好风光，扩大了旅游景点的知名度。将半程马拉松的时间确定为每年的四月份，选择在乡间有各种野花和青草、小溪山泉的场所进行，在半程马拉松比赛之后举办其他的休闲体育项目，比如放风筝和扎风筝、风筝特技表演等。

（二）定向越野赛

定向越野赛作为有氧运动之一，将观光旅游与娱乐项目相结合，在比赛的过程中运用北斗导航系统。在定向越野赛场地的选择中，选址在整个路段风光旖旎的地方，路途中有荷塘月色、田园风光，游客们在途中不仅可以从事农事活动，也能够体验到果实采摘的乐趣，品尝原汁原味的农家宴，在锻炼身体的同时，也能够享受到乡村清新和放松的环境所带来的心灵上的愉悦。在定向越野赛路线的选择方面，能够与当地的生态文化结合起来，通过开展垂钓和农事活动增添乡村旅游的乐趣，在乡土风情中开展有氧运动，引导游客正确地看待乡村体育旅游这种新型消费方式。

（三）森林爬坡赛

近年来，森林爬坡赛受到越来越多青年的喜爱。森林爬坡赛属于单车运动的一种，单车运动作为一种新型的健身方式不仅环保健康而且符合各个年龄阶段、各个层次人群的需求。该产品适合山区项目，运动目的是使得参赛者在结束高强度赛事之后能够欣赏乡村美景。

（四）有氧三项赛

有氧三项赛是自行车、登山和跑步的总称，是骑行、体育休闲运动游及有氧运动的结合。有氧三项赛与其他的需要耐力的体育项目相比，更注重赛道和景观的衔接性，在赛道的选择方面，这三项比赛选择在乡村文化浓郁和民族风情浓厚的地区进行，提高游客的参与度，通过项目的重组让游客们在乡村体育旅游中感受到体育运动的乐趣。

第七章

新兴乡村极限运动中的体育旅游产业建构

第一节　蹦极运动的开发设计

一、蹦极运动概述

蹦极运动最早出现于南太平洋的瓦努阿图群岛原始社群中，作为这种原始社群的成年仪式，瓦努阿图土著部落男子必须完成蹦极才能够算是成年。蹦极就是用藤条捆住男子双腿，然后从高度约35米的木塔上往下跳，绳子距离地面几英寸的时候，该男子在即将到达地面时突然停止，然后全村的男女老少聚在一起，围住他，庆祝该男子通过了成人仪式的考验，之后这种运动逐渐传到英国成了一种观赏性表演，但表演者必须穿上特制的礼服，戴上礼帽。首次使用橡皮绳进行蹦极的是美国人，新西兰人把蹦极活动发扬光大，并在全国各地进行蹦极表演。目前，世界上很多国家都建设有蹦极基地，比如新加坡、澳大利亚、中国等。蹦极的形式也越来越多，主要有三种：一种是桥梁蹦极，也就是说在桥梁上修建一个跳台或是在悬崖绝壁上修建跳台；一种是塔式蹦极，就是在斜塔上修建跳台；一种是火箭蹦极，就是指人们像火箭一样弹起之后，上下跳跃。此外还有一种新的蹦极，我们称之为“飞天蹦极”。“飞天蹦极”运动又称载人升空运动，是用充满不燃烧的惰性气体的气球，以一定的速度把人从地面拉向空中，当到达一定高度后，再通

过人力或绞盘机把气球拉回地面，从而完成载人升空到返回地面的过程。在整个上升过程中，乘坐者有明显的失重感觉，极富挑战性和娱乐性。该项目于 1997 年底研制试飞成功，并申报了专利。“飞天蹦极”已申请商标注册，该项目被评为“一九九八年十大刺激项目”之一。“飞天蹦极”空中运动已在我国北京、福州、上海、贵州等地开展。这一被称为“勇敢者的运动”的项目，正以其无法替代的魅力吸引着越来越多的商家和“挑战自我、证实自我、超越自我”的参与者。

二、蹦极跳的注意事项

蹦极对人的综合素质有很高的要求，凡是有心脏病和心脑血管疾病的人都不能参加，同时对人的视力也有较高的要求，因为在蹦极时参与者首先头部向下，身体以加速度逐渐向下坠落，因此很容易引起脑部的充血和眼睛视网膜脱落，因此，参加蹦极的参赛者在蹦极之前，要对身体进行各部位的放松，通过防冻热身活动，以防止身体肌肉的拉伤和扭伤。另外在服装上应当尽量简便，不能穿斗篷等容易钩挂障碍物的衣服，在跳出后要控制自己的身体平衡，防止自己的身体被绳索卡住和绊住，这会给蹦极造成很大的安全隐患。

三、蹦极趣闻

（一）世界蹦极之最

世界最高的蹦极点位于中国贵州黄果树坝陵河大桥，高达 370 米；第二高的蹦极点位于美国皇家峡谷悬索桥，高达 321 米；第三高的蹦极点位于中国湖南张家界玻璃桥，高达 260 米；第四高的蹦极点位于中国澳门的澳门旅游塔，高达 233 米；第五高的蹦极点位于瑞士的韦尔扎斯卡大坝，高达 220 米。

（二）亚洲蹦极

由于现代人疯狂的创意，将瓦努阿图岛人的原始礼仪延伸而发明了高空弹跳。亚洲地区高空弹跳之创始人 C. 史密斯先生 1996 年将此项运动引入上海，以满足现代中国年轻人对户外活动的需求。1996 年，中国内地首家高空弹跳塔正式由台湾邦基有限公司设立在福禄贝尔科幻乐园，当年的 8 月

18日举行了国内首次高空弹跳,由C.史密斯先生亲自担任教练,此举为国内高空弹跳拉开了序幕。此后上海邦基设备有限公司于1999年正式与上海八万人体育场合作开办了“八万人极限运动中心”,并于1999年5月正式对外开放。该“中心”首创国内蹦极运动项目两个第一,即“国内高度第一”和“项目组合第一”。目前,可容八万人的体育场已成为国内高空弹跳极限运动的大本营。

四、开设地点、项目前景及投资估算

(一)开设地点

根据我们对河南旅游景点、自然资源、生态环境的了解、调查,河南适合开发悬崖蹦极运动。

位于荥阳市王村镇,毗邻中华母亲河的孤柏渡飞黄旅游区,建立了高度为82.1米的蹦极项目,这就是让你一看就闻风丧胆的中原第一跳——飞黄蹦极。

为促进河南旅游业的发展,增加体育旅游的项目,丰富其内容,其组织与实施,可由旅游、体育部门牵头,招标承包,进入市场。

(二)项目前景及投资估算

蹦极运动是一项深受青少年和中年体育旅游者喜爱的旅游项目,在河南游客喜爱的旅游项目调查中也属于喜爱率很高的项目之一,有广阔的市场。按河南现在的游客人数、项目喜爱率及市场现况,预计两年可以收回投资,且略有回报,三年将有好的收益,是一项效益较高的投资项目。该项目的投资额约为50万人民币。

第二节　攀岩运动的开发设计

一、攀岩运动概述

攀岩运动于19世纪萌芽于欧洲,兴起于20世纪50年代末60年代初,攀岩是从登山中派生出来的一项活动。20世纪60年代,在苏联最先出现竞技攀登这种新型的比赛,竞技攀登是指一些身体素质较好、有体育专业技

能、训练有素的运动员通过专业的训练，使用先进的攀岩设备，利用所掌握的攀岩技术，不断提高攀岩水平，在攀登的过程中战胜困难、迎难而上，不断战胜自己、战胜对手。在现在的攀岩比赛当中很多运动员在不熟悉的攀岩项目中也能够顺利完成攀岩，很多攀岩的高度和难度是之前运动员无法完成的。1985 年意大利举办了第一次攀岩竞技比赛，之后这种比赛逐步引起了健身爱好者的重视，攀岩竞技比赛选手都是世界一流的攀岩选手。1989 年世界上首次举办攀岩世界杯，在比赛的过程中根据攀岩选手在各个阶段的表现进行排名，此后的世界杯每年举行一次。攀岩运动的发展也标志着亚洲竞技攀登迈上了新的阶段，亚洲的竞技攀岩水平逐步达到世界领先水平，尤其是中国的台湾、香港地区。我国从 1987 年举办第一届全国攀岩比赛以来，吸引了众多的攀岩爱好者，造成了一定的声势和影响，为我国进一步开展该运动打下了基础。

二、攀岩运动项目种类

一般而言，攀岩运动项目可以分为三种运动类型：攀登悬崖峭壁、休闲式攀岩、人工岩壁攀登。

攀登悬崖峭壁在欧美国家十分盛行，这是欧美国家的运动员登山需要掌握的一项必备技能，因此吸引了大批的登山爱好者。

休闲式攀岩也被称为抱石攀登，这种攀岩是指通过攀登天然岩石，不断扩大攀岩的范围和内涵，使得攀岩活动更加具有现实意义。法国开展这项运动很普遍。

人工岩壁攀登从 20 世纪 80 年代开始已风行全球。

以上三种攀岩方式是在长期的历史发展过程中逐渐形成的，至今被人们认为是一种高层次的休闲体育运动方式。随着社会经济的发展和科技水平的提高，越来越多的年轻人对于攀岩运动更加青睐和喜爱。攀岩又可以分为难度攀岩、速度攀岩、大圆石攀岩、个人单攀岩、双人结组攀岩、集体（小队）攀岩六种。

难度攀岩是指通过在运动员身上系绳索的方式，用绳的力量来带动身体的前进，完成最终的攀岩行动，在攀岩的过程中，参与者按照比赛的规定，正确使用攀岩绳索，在这种比赛的过程中，运动员通过攀岩的高度和攀岩速

度来确定在比赛中的名次，攀岩的过程中通过在运动员身上系绳索这种方式保护运动员的安全，以防止意外的发生。

速度攀岩是指运动员在指定路线上，在确定的时间进行比赛，以比赛的速度为评判标准进行的攀岩竞技比赛。

大圆石攀岩不同于难度攀岩和速度攀岩对参赛者的要求，大圆石的高度不能超过四米，运动员在攀登过程中不系绳索的情况下，要选择多条线路进行攀岩。

个人单攀岩又分为男子攀岩和女子攀岩两种，这种比赛不仅要掌握专门的攀岩技巧，而且要在攀岩过程中以最短的时间，在同一地形上进行个人攀岩。

双人结组攀岩是指由两个人结成一组进行攀岩，攀岩的路线通常是裁判员事先制定的路线，与单人攀岩不同，双人结组攀岩必须两个人才能够进行，在排练的过程中除了要注重攀岩的技术及攀岩的速度之外，还要懂得保护自己。在选择攀岩路线的过程中经常是运动员自己选择上岩壁顶部和下降的路线，上岩壁顶部选择距离岩石600米的地方。运动员用专门的望远镜来标注攀岩的路线，在进行实地攀岩中，运动员不能偏离事先确定好的路线，这种比赛不仅考验攀岩者的技术和攀岩的耐力，比赛的结果与比赛路线的选择也有很大关联。

集体攀岩也被称为小队攀岩，这种攀岩与登山活动有很多类似的地方，在比赛之前参赛者通常组成小队，一队有四到六个人，每队人员各自背负登山装备，在指定地点进行休息并在攀岩途中相互帮助，比赛的内容包括对于攀登技巧和攀岩战术及路线选择的考察等，在集体攀岩中每个小队也可以自行选择路线。

三、攀岩运动项目的装备器材

进行攀岩运动需要提前准备攀岩的装备器材来保证攀岩者在攀岩过程中的人身安全，尤其是在自然岩壁的攀岩中，因此，运动员的攀岩装备一定要妥善保管，装备分为个人装备、攀登装备，还有其他装备。

（一）个人装备

个人装备包括绳索、绳套、安全带、攀岩鞋和镁粉。攀岩安全带跟登山

用的安全带有所不同,攀岩安全带属于攀岩专用的安全带。下降器是每个攀岩运动员必须使用的,是呈八字环的下降器。安全铁锁和绳套是在攀岩过程中攀岩者进行休息时的一种保护装置。安全头盔是保护攀岩者的头部不受山上碎石滑落砸到的伤害,对攀岩者来说非常重要,哪怕在攀岩过程中一个小石块砸落下来都可能造成攀岩者的生命危险。因此攀岩是需要必备安全头盔、攀岩鞋等设备的。攀岩鞋和普通的运动鞋有很大差别,它是一种摩擦力很大的专用鞋子,使用攀岩鞋在攀岩过程中能够节省很多力气。镁粉是运动员在攀岩过程中手心出汗时使用的,防止因为手心出汗而导致的手滑。

(二)攀登装备

攀登装备包括攀岩绳索、岩石锤、铁锁、绳套,还需要准备悬挂式帐篷。攀岩绳子的选择最好是直径为 11 厘米。铁锁和绳套的目的是保护攀登者在绳索和绳索之间的顺利攀登。岩石锤是用来在岩石上固定的登山踩点,方便登山者在悬崖绝壁中找到攀登点。

(三)其他装备

其他装备有旅行背包、打火机、小刀等,这些装备需要根据攀岩者攀登的时间和难度、规模来确定。

四、攀岩场地

攀岩场地有人工攀岩场地(人工岩场)和自然界岩石场地(自然岩场)两种。

(一)人工岩场的攀岩

由于攀岩的岩面固定在支撑钢架上,比赛地点比较自由,在此,对设置地点不做确定,具体办法和细则国家体育总局、极限运动管理中心有明确计划可以借鉴。

(二)自然岩场的攀岩

目前国际上将岩石陡壁分为 8 个等级。一级、二级容易攀登,坡度在 75°以内,适合初学者练习或攀岩爱好者娱乐。三级、四级有一定难度,坡度一般在 75°以上,个别地段为 85°~90°,可供有一定攀岩训练基础的人攀登,

也可作为教学和基层开展攀岩比赛使用。五级、六级的难度较大，可供运动员及具有一定基础的攀岩队员使用，其坡度较陡，绝大部分为 85° ~90°，个别地段超过 90°，有时运动员还必须借助特殊的装备进行攀登。七级、八级的难度更大，称特难度极，一般坡度都在 90°以上，有的地段呈屋檐形。

五、开设地点、项目前景及投资估算

（一）开设地点

在洛阳龙潭大峡谷就有个攀岩胜地，虽刺激惊险但却十分安全，攀岩的地方位于峡谷的尽头，在那里有一块几乎垂直的悬崖绝壁，是一个天然的攀岩场地。

（二）项目前景及投资估算

该项目如果作为大众健身开展，投资约为 7 万元。如果作为竞技比赛来开展，投资约为 12 万元。此项运动在我省开展有着独特的资源优势，市场前景很好。竞技攀岩活动的开展，应与我国登山协会取得联系，协商在河南举办国际攀岩邀请赛等活动，以扩大知名度，招徕更多的旅客。

第三节　动力伞运动的开发设计

一、动力伞运动概述

人类最古老和最向往的梦想是能像鸟一样在蓝天中飞翔，这也是人生最大的冒险活动之一。当前，给人们的梦想插上双翼的又有一种完全独特的飞行器——动力伞。它的设计目的只有一个，就是把神奇、刺激的飞行提供给尽可能多的人。因此，动力伞飞行作为一个新兴的航空运动项目，正在进入广大航空爱好者和青少年的生活。

动力伞不同于小型飞机，在飞行技术方面比较简单，成本较低，安全系数较高，这是它能为人们普遍接受的重要原因。假如你是一个有经验的飞行员，只要接受不足一小时的技术指导即可驾驶动力伞飞上蓝天；即便之前从来没有接触过飞行，只要有勇气和信心，经过几天的专业学习和培训，也能够轻松地在蓝天遨游一圈。

动力伞结构简单，是因为它是将一具山坡助跑升空的滑翔伞与一台背在背上的动力装置组合在一起构成的最简单的飞行器，由螺旋桨产生的推力可以帮助飞行员从平地上起飞升空。在空中加大动力，动力伞就爬升；处于中等动力状态，动力伞则将保持水平飞行；减小动力时它就下降高度或着陆。实际上，动力伞是一架"带动力的降落伞"。万一在飞行的过程中遇到突发情况，它就能当作滑翔伞使用，保证飞行员能够安全返回地面，我们说动力伞飞行是安全的，原因就在这里。

动力伞起飞和着陆速度低，它不需要机场，只需要有一块面积足够大的开阔地(比足球场稍大)即可。当你掌握了它的飞行操纵技术之后，它的飞行花费与摩托车相当——燃料每小时为三四升。

可以说动力伞是实现我们梦想的"空中娱乐飞行器"。对于没有任何飞行经验、想学习动力伞飞行的人，最好先找一个航空俱乐部去学习从山坡上助跑起飞的滑翔伞飞行技术，对这种柔性翼滑翔伞的结构、性能和操纵技术有所掌握，在取得 B 级以上滑翔伞运动员证书之后，再去学习动力伞的飞行则比较恰当。因为，动力伞飞行仅有两种重要的操纵方法，飞行员用双手去操纵伞衣的一副操纵圈和一个发动机油门开关。操纵圈用于进行空中的方向操纵，油门开关则控制动力伞的起飞、上升和下降。当然，最基本的动力伞飞行操纵则要求你通过飞行练习去掌握它操纵的协调一致性。

当你具备了对滑翔伞的一般知识的了解和操纵技术之后，就可以转入学习动力伞的飞行。在这里，我们介绍一种简便易学而又有效的首次动力伞飞行航线。

在动力伞学员进行飞行练习前，教练都会制订详细的飞行训练计划，包括飞行航线，并为学员做飞行演示。这主要是让每个参加学习的人预先知道在飞行中怎样去做，先让其有感性认识，消除一切疑虑和紧张情绪，轻松自如地去享受"空中骑士"的乐趣。

在正式进入空中飞行训练之前，首先要准备装备，包括合适的飞行服装、头盔、鞋和飞行仪表，以及一台用于和地面上教练联络的无线电对讲机。其次要先进行地面练习，包括对伞具和发动机的检查、伞背带系统的正确佩挂和调整、起跑过程中对伞和发动机操纵的协调等。

飞行员在对正风向起飞、向前奔跑的同时要随时检查伞衣姿态，并逐步

前移油门开关至最大动力状态。如在向前奔跑中伞衣不对称或“气室”有些塌陷，又操纵调整不过来，则应立即收小油门，关闭发动机停止起飞，然后再重新起飞。如果起飞过程一切正常，在短距离助跑获得足够的离地升力开始上升之后，仍要保持油门在全功率状态，以每秒2～2.5米的上升速度爬升到100～120米的高度（依据高度表或教练的指令），然后缓慢、轻柔地减小油门改为平飞。在这个过程中动力减小一定要平稳柔和，以防止吊在伞衣下面的人体产生不必要的摇摆，接下去就可以进入航线飞行了。

首飞航线的训练飞行从起飞到着陆共进行三轮航线飞行。飞行员起飞爬升到100米左右高度，改为平飞，到达场地边缘时将左操纵圈拉下1/3到1/2开始做左转弯，在1～2秒钟后动力伞将轻巧地带坡度转弯。在保持水平直线飞行时，应随时注视教练员和风向袋的位置。新飞行员在训练飞行开始时就一定要养成这种观察习惯。

如果在飞行中感到有轻微的爬升或下降，则要随时略做动力修正，并体验和掌握保持平飞状态的油门位置。由于离地面高度足够，低速飞行的动力伞会给你充裕的时间去进行调整。

当完成三次转弯，保持直线平飞到达起飞点上空时，可以开始做两次轻柔的“8”字形飞行。第一次向右做一次完整的圆周飞行，拉下右操纵圈的位移量要略微大些，并保持住，在完成圆周飞行之后，即时放松操纵圈，这时要注意体验一下动力伞是怎样自主恢复水平飞行的，接着再以相同的技术去拉下左操纵圈完成第二个圆周飞行后，保持直线飞行数秒钟，然后再以一个轻弯沿场地边缘进入标准航线，做第二轮的练习飞行。在第二轮航线飞行中完成2次左转弯之后，则准备进行“着陆进入”练习去进一步体验动力伞降低高度的操纵要领。当你与起飞点一般齐时，慢慢放松油门开关。随着动力的减小，动力伞开始柔和地下降高度，同时继续围绕起飞区域后面的航线飞行，这就是飞行员通常所说的进入“底边”和“归航航线”或“最后进入”，这时飞行员必须按风向袋或教练的指示去进行左（右）转弯修正，对准风向逆风飞行，同时在接近着陆区终点15～20米的范围内去检查下沉率是否正确，并做小的动力修正。应当记住：较大的动力意味着“上升”，较小的动力则意味着“下降”。在进行动力修正时，一定要把握少量、平稳和缓慢。当你下降到距地面10米左右的高度时，控制住油门改为平飞，飞过起飞点之

后，再略微加大油门向上爬升到15～20米的高度，接着进入合轮航线飞行。在第三轮的航线飞行中，再开足马力向上攀爬到100米左右的位置，开始平飞，经过几次转弯，降低油门，不断降低高度，准备着陆。当动力伞到达地面还剩30米高度的时候，驾驶员关闭发动机，对准着陆点，开始进行无动力滑翔，此时，驾驶员双手轻触操纵圈，不断控制下降的速度，在距离地面4米左右的高度时，将操纵圈下拉，直至着陆，在飞行器着陆之后，驾驶员要保证身体的平衡，然后转身，让滑翔伞的伞衣落到地面上，这样就完成了首次的动力伞飞行。

二、动力伞的注意事项

（一）动力伞不同于超轻型飞机

作为一种柔性翼的飞行器，飞行员通过伞绳悬挂在伞衣下方，由于伞衣很轻，悬挂物飞行员和发动机很重，就像物理学中的“摆锤”一样，具有系统稳定性，飞行员如果在飞行的过程中受到干扰，就会偏离正常的位置，然后会向钟摆一样自动回到原来的位置，具有自我修复的功能，所以，使用动力伞飞行对于技术性的要求不高，操作起来简单易行。动力伞在调整回到正常位置的过程中，会出现卡顿的现象，一旦出现这种情况，一定不能慌乱，只要伞衣的状态是正常的，就不需要人为调整飞行的角度和高度。飞行员最好的办法和规则就是：“什么都不用去管它，坐在那里听其自然！”

（二）动力伞摆动

动力伞的作用是在短时间内减小动力，帮助飞行器降低飞行速度，使整个动力系统向后摆动，在动力伞摆动的过程中，伞衣会出现卡顿的情况，也就是业内人士常说的“低头”倾向，在没有稳定之前，飞行员会感觉到徐徐下沉，这种下坠感是正常的情况，这时只要等1～2秒钟，这种感觉就会消失。因此在飞行器接近地面时，应当减小动力，降低飞行速度，否则在着陆的过程中就容易发生危险。

（三）掌握好操纵量

由于伞衣跟发动机之间安装有连接装置，在操作的过程中会有延迟，操纵响应时间是2秒钟，对于正常的方向转变，只需要飞行员下拉操纵圈三分

之一就够了,在操作的过程中一定要遵循少量多次的原则,操纵应当平缓适量,切记用力过猛,操纵量过大会导致动力伞失衡。动力伞在飞行到坡度地带时,由于离心力的作用,伞衣会偏斜到弯道外侧,这就是“协调转弯”,在放松操纵圈之后,需要2秒钟的时间,动力伞才能恢复正常。

(四)开始起飞助跑

飞行员在起飞助跑阶段,身上携带的动力装置会随着身体的助跑而产生颠簸感,在经过几秒钟后,飞行员会获取足够的动力离开地面,这时会感觉发动机的组件开始向伞衣下方摆动,在飞行员离开地面后,这种感觉逐渐消失。除此之外,飞行员在助跑的阶段,可能会操纵动力伞,企图修正方向,这种偏离正常航线的原因是螺旋桨扭矩和风的阻力,只要前方没有大的障碍物,并且方向偏移角度不大,飞行员不用管,只需要继续向前助跑,便能完成起飞。如果前方有较大的障碍物,飞行员就需要关小油门,或者关闭发动机,停止起飞。

(五)紧急情况处理

在学习动力伞飞行的过程中,教练会想尽一切办法帮助飞行员完成首次飞行,以增强飞行员的信心。但是在培训的过程中,飞行员要掌握在动力伞发生故障时的处理常识。

1. 起飞

飞行员在助跑起飞的阶段,一定要事先检查风向袋所指示的风向,在上风风向后再进行起飞,在起飞之前要在前方设定一个目标,以便规划好起飞路线。除此之外,在飞行的过程中,飞行员要严格按照教练的指示进行操纵圈的操纵。如果在起飞助跑阶段伞衣的位置偏离严重,就需要及时关闭发动机,重新返回起点,飞行员要时刻牢记,如果伞衣的位置不正确,切不可强行起飞。

2. 电台联络不通

电台是飞行员和教练之间进行联络的装置系统,如果飞行员在飞行阶段出现电台联络不通畅的情况,一定不能自乱阵脚,应当按照与教练之前共同商讨的飞行航线进行起飞,同时要留意教练在地面用红旗发出的指示信号,按照指示信号及时调整飞行的路线。

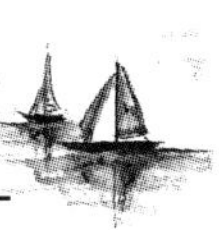

3. 发动机空中停车

发动机在空中停车的情况发生的概率很小,发动机在空中突然停止运行通常是由于机器故障或者发动机缺油导致,或者是飞行员在飞行的过程中操作失误,不小心按下了停车按钮。飞行员在飞行的过程中遇到发动机突然停止工作,一定要镇定,不能自乱阵脚,因为即使动力伞失控,滑翔伞还能继续正常工作,滑翔伞能够保证飞行员安全返回地面。在飞行过程中万一碰到发动机故障,可以采取以下操作方法。

(1)飞行员应当立即寻找一个开阔的着陆场进行安全着陆,通常飞行员都会选择矩形航线着陆,矩形航线是专门为首次飞行的运动员设计的,矩形航线能够保障飞行员在飞行期间距离着陆点很近,当遇到紧急情况时,飞行员能够有足够多的时间去处理问题,安全着陆。只要飞行员在飞行航线上行驶,随时都可以进行着陆。

(2)调整下沉率。飞行员在关闭动力伞的动力后,将会以更大的下沉率下降,这时候就需要使用滑翔伞,通过对滑翔伞进行适当操作,来降低动力伞的下降速度,减小下沉率。飞行员在使用滑翔伞准备着陆的时候,要首先选好着陆点,并及时调整飞行方向,到距离地面 4 米高度的地方进行安全着陆。飞行员在第一次安全着陆之后,会有更大的信心驾驶动力伞,对于飞行的兴趣也会更加浓厚。当然,通过更多的飞行训练,飞行员将会学习到越来越多的关于这个独特的“娱乐飞行器”的各方面的知识,并能轻松地处理飞行中遇到的各种问题。这里需要再次提醒大家的是:每次动力伞飞行都要选择良好的天气,当气象条件不适宜飞行时千万不可贸然升空,以免发生危险。

三、开设地点、项目前景及投资估算

(一)开设地点

洛阳的河南名扬热气球动力伞航空俱乐部为空军河南航空管理中心指定许可单位,并通过航空安全检查,飞行技术认可,可从事热气球表演、飞艇表演及服务。俱乐部发展到现在,也是我省开展较早、技术力量较雄厚的俱乐部。现在已逐渐往向社会提供全方位的航空运动服务方向上发展。

(二)项目前景及投资估算

该项目的投资为15万元左右,在国内只有几家开展,中青年游客喜爱率很高,有很好的市场前景,估计一年半就可收回投资。

第八章

河南乡村体育旅游与乡村发展

第一节 乡村体育旅游与乡村资源的开发

乡村体育旅游在发展的过程中，除了满足城市游客的旅游需求，也给旅游地的经济发展带来了新的机遇，为当地的农民增收创造了条件，但是，乡村体育旅游在发展的过程中也会碰到许多问题，例如：旅游地当地生态环境遭到破坏、城市文化对于当地的民俗文化的冲击、部分乡村旅游的开发者为了经济利益而对景点进行盲目开发等，这些问题都阻碍了乡村体育旅游的发展。要想实现乡村体育旅游的长期可持续发展，就需要做好以下几个方面。

一、政府引导，合理布局

乡村体育旅游作为第一产业和第二产业的连接点，可以带动乡村的产业结构调整，增加经济收入，所以政府应做好引导工作，在政策、资金、技术上给予合理支持。同时，应该结合乡村地区的实际情况，合理布局，做好规划统筹工作，推动当地旅游市场建设的规范化、合理化，避免乱开发、滥开发情况的发生，引导当地旅游行业市场化和产业化发展。

二、重视人才建设工作

乡村体育旅游对人才建设的要求尤为重要。首先,在服务上,应着重提升服务人员的综合素养,避免小农思想的传播泛滥,同时应引导当地服务人员正确对待民俗风情,弘扬社会主义正能量。其次,在安全上,应培养安全人员的责任意识和对体育器械的检查及体育竞技过程中的安全引导能力,确保体育旅游能安全、顺利开展。所以说,政府部门应联合旅游管理部门加强乡村旅游行业人才队伍的培训工作,以便更好更安全地开展乡村体育旅游。

三、创新旅游市场,体现旅游特色

随着近年来旅游市场的快速发展,整体旅游环境呈现出竞争发展的态势,乡村体育旅游要想在激烈的旅游业竞争中拔得头筹,必须遵循旅游业的发展规律,根据本地区的实际情况因地制宜地开发,做到精准的市场定位,根据市场的需求,不断创新旅游产品,为游客提供多层次、多样化、有针对性的服务。例如,可以根据乡村地区的不同地形有针对性地开发特色体育旅游竞技项目。特色乡村体育旅游要想在众多的旅游品种中脱颖而出,就需要根据自身的特点找到产品的特色和优势,根据市场的需求来提供丰富多样的旅游产品,比如登山、攀岩、探险、越野、漂流旅游项目及赛龙舟等群众性参与度较高的体育赛事,通过将体育和乡村旅游结合起来,建设乡村体育旅游的品牌。

四、加快乡村地区的基础设施建设

有句老话叫"要想富,先修路",可见交通、通信等基础设施建设对地区经济发展的重要性。乡村体育旅游业的发展首先离不开乡村地区的基础设施建设,再得天独厚的旅游条件、再优美的旅游景色若没有道路、通信等基础设施的支持,一切都将是空中楼阁。所以说,要想实现乡村体育旅游的可持续发展,首先要加快乡村地区的基础设施建设。从旅游角度讲,体育赛事是进行营销的一种手段。通过对于体育赛事的宣传能够吸引更多旅游者前来游玩,推动当地经济社会的发展,有助于加快乡村地区的基础设施建设。

加快乡村基础设施建设，形成以企业投资为主的资金筹措方式，同时利用银行贷款和社会集资等不断吸引外资，拓宽资金来源渠道，游客在游玩的过程中能够体会到高质量的服务，也能够推动乡村经济的迅速增长。

五、增强环保意识，重视生态环境建设

原始富有“土”味的乡村风貌、各具特色的民俗风情、有趣刺激的旅游项目是吸引人们踊跃参与乡村体育旅游的最大动力。所以说，生态环境的保护是确保乡村体育旅游能可持续发展、确保乡村资源有序开发的根本所在。当前，我国多数乡村地区的生态环境普遍脆弱，承载能力也有限，随着乡村体育旅游的快速发展及旅游人次的快速增多，更应该重视乡村地区的生态环境保护，如果在发展旅游的过程中，生态环境遭到破坏，不但会使当地人的生存环境受到影响，而且会使乡村体育旅游失去吸引都市游客的魅力，最终导致旅游业的发展陷入瓶颈，所以说在发展乡村体育旅游的过程中应当增强当地人的环境保护意识，通过建设乡村体育旅游生态环境，实现乡村体育旅游的可持续发展。

第二节　乡村体育旅游与乡村社会的发展

乡村体育旅游作为一种休闲娱乐的旅游方式，在满足人们身体和精神方面具有重要的意义，体育文化作为一种大众喜闻乐见的文化，集休闲娱乐于一身，因此具有很高的社会亲和性，它不仅能够实现自我身心的统一，而且能够促进人与社会、人与人的和谐发展，对构建社会主义和谐社会具有重要意义。发展乡村体育旅游要处理好与乡村社会发展的关系。

首先，乡村体育旅游的发展是经济发展到一定阶段的产物，也是为了满足人们日益增长的社会文化需求而产生的。随着社会生产力的不断提高，人们的业余闲暇时间越来越多，因此在休闲娱乐方面的需求也不断增大。随着人们对健康文明的娱乐活动兴趣越来越高，商家将经营的重点投入了乡村这片远离城市喧嚣，并且亲近大自然的净土。乡村体育旅游已经成为一种新的旅游风尚，这种旅游风尚是现代人娱乐身心的重要途径。

其次，乡村体育旅游的发展具有丰富的文化内涵。乡村体育旅游在发

展的过程中,游客们除了能享受观赏自然风光的乐趣,还能体会到人与自然相处的和谐之道,在欣赏优美田园风光的同时也增强了对于农业知识、各地风土人情和宗教信仰的了解,促进了城市和乡村之间的交流,不仅能增长见识,而且能强身健体。对于游客们来说,乡村体育旅游不仅是一种生活方式,更是精神文化的满足,乡村体育旅游不同于传统意义上的游山玩水,而是在人与自然亲近的过程中享受天人合一的休闲旅游方式,人们在乡村体育旅游的过程中能够达到娱乐健身放松的目的。另外,乡村体育旅游作为一种社会性消费活动,人们在旅行的过程中,免不了要与社会上的方方面面发生联系。旅游是一个综合性的、高关联度的产业,能够带动其他产业的发展,为乡村地区经济发展及当地居民就业找到一条新的道路。充分利用乡村体育旅游资源来促进乡村旅游业的发展,充分发挥乡村体育旅游的旅游资源的价值,不仅能丰富当地的旅游业,而且为当地农民脱贫致富找到了一条新的途径。

第三节　乡村体育旅游与乡村生态的保护

从辩证的观点看,任何事物都具有正反两面性。旅游,包括体育旅游开发,虽然对目的地社会经济发展起到了积极的作用,但凡是人类活动,都会对自然生态环境产生负面影响。如何处理好这一矛盾,即在开发和发展过程中将其对生态环境与自然环境的不良影响降到最低,这是体育旅游发展所面临的至关重要的难题。

一、生态环境保护

发展体育旅游业,必须有较高的环境质量做保障。虽然开发体育旅游对环境保护可起到一些正面作用,但因来自供给方面,如体育旅游服务设施排放的“三废”等;来自需求方面,如体育旅游者乱弃废物、破坏植被等自觉不自觉地对环境造成了人为损害,均会对自然生态环境产生负面效应。西方发达国家也曾深受环境污染之苦,教训颇多,所以近年来对美化环境十分重视。

(一)生态环境的概念

生态环境是指与人的生存和发展息息相关的水资源、土地资源和大气资源等,生态环境关系人和社会可持续发展的生态系统。生态环境问题是指人们为了在自然界中谋取更多的利益,更有利于自身的生存和发展,在利用和改造自然的过程中对自然环境进行无节制的破坏,给人类所带来的负面影响。生态是指生物之间及生物与周围环境之间的关系。当代环境是指地理环境,当代环境与人类经济、文化和社会文化环境息息相关。当代环境科学是研究环境与人类之间关系的学科。生态与环境这两个概念相互独立又密不可分,因此出现了"生态环境"这个新的概念。生态环境是生物在生存和发展的过程中与各种自然要素交织在一起形成的一个大系统,它是生态系统中各个元素的统称。生态环境与自然环境有很多相似之处,因此,人们经常将生态环境表达为自然环境,但从严格意义上说,生态环境与自然环境不同,从内涵看,自然环境的内涵较为丰富,是各种因素的总称,而只有与生态有关的系统才能称之为生态环境,由非生物因素组成的系统被称为自然环境,但不能叫作生态环境。

近年来,生态环境已经成为使用频率较高的名词之一,但对于生态环境的内涵学者却有不同的理解。国内学者将生态环境从四个方面进行解释:第一,生态环境中的生态与环境不同,生态环境应该理解为"生态""环境"两个概念。第二,生态问题错综复杂,与周围环境密切相关,无法分清界限时,通常用生态环境这个名词,也就是说包含生态和环境两个概念。第三,将"生态"作为一种修饰词修饰"环境",将生态环境理解为没有污染、符合人与自然和谐相处的一种环境。第四,生态环境是环境的一种,它包括环境污染及其他环境问题。

综上所述,上面四种说法都有一定的合理性,但生态环境作为一个新名词在发展过程中不能存在太多争议。从科学研究的发展历程及世界信息的交流和科技的普及看,都需要将生态环境规范化。将科技名词规范化,不仅有利于创新,而且有利于知识和信息的沟通和交流,以及教育普及,因此,要认识到将科技名词规范化对社会发展来说具有的重要意义。生态环境是生态和环境的组合,"生态"一词源于希腊语,它原来是指一切生物的状态及生物与其他个体和周围环境的关系。在 1869 年,德国生物学家海克尔提出了"生态学"这一概念,他认为生态学是指研究动物与植物及植物与植物、植物与环境之间相互关系的一门学科。近年来,随着对于生态学研究的逐渐加

深,生态学的范畴也越来越广。环境是相对某一中心事物而言的一种外在的载体,人类社会在发展过程中,以自身为中心,认为环境是人的外部载体或者是围绕人而存在的外部世界。环境是人类赖以生存和发展的基础,因此,环境实际上是人类生存的环境。人类环境包括人们生存的环境及社会环境。人们生存的环境又被称为自然环境,它包括大气、土壤、水源等。在地理学中,经常将自然环境分为大气圈、水圈、生物圈、土壤圈和岩石圈。社会环境是指在地理环境的基础上,为了不断发展生产力,提高人类精神文明而逐渐形成的一种人工环境,例如城市、乡村、城乡接合部等。生态地理环境是指由各种生物群体组成的一种生态环境,在生态系统发展的过程中,各种因素通过食物链相互制约,协同发展,使物质在自然界中达到一个平衡的状态,维持生态系统的稳定,如果人类社会的发展超出了生态环境的承载力,就会导致生态环境破坏。人是生态系统中具有主观能动性的高级生物,在人类发展的各个阶段,人类的活动都会对生态环境产生重要影响,特别是近年来随着人口的增长及科技的发展,人类改造自然、创造自然的能力不断增强,在对自然建设的过程中也存在着破坏和毁灭的现象。一方面,人们加大了对于自然资源的索取力度,导致生态环境失衡,进而给人们带来一系列的灾害;另一方面,人们在改造自然的过程中,由于不遵循自然发展规律而遭到生态环境的报复。目前,环境问题已经成为全球性的问题,无论是在发达国家还是在发展中国家,生态环境保护问题都是制约国家经济发展的重要问题。

(二)生态环境保护的意义与原则

保护生态环境就是防止人们的生产和生活对自然环境的破坏加剧,造成自然环境的恶化,通过有节制、有控制地对资源开发来减轻人的活动对于自然环境的破坏和污染,通过植树造林、美化环境、保护环境等方式不断恢复生态平衡,也就是通过各种方法,在利用自然的同时,正确认识人与自然和谐相处的重要意义,有计划地对环境和土地资源进行开发,防止环境恶化,在生态环境承载力范围内开发旅游项目,不断提高人们的生活质量。人生活在自然环境中,自然环境是人类赖以生存和发展的基础,如果没有自然环境人类就不可能存在。近年来,随着人口的增长和科技的发展,工矿废弃物排放量不断增多,对大气、水质和土壤造成了严重污染,也破坏了生态平

衡,使生态环境面临被破坏的危险,土地流失、土壤沙质化严重,威胁到了粮食安全及人体的安全,所以保护生态平衡、保护环境是关系乡村体育旅游发展的重要问题。

生态环境保护的原则是:第一,坚持生态环境保护与生态环境建设并举。在加大生态环境建设力度的同时,必须坚持保护优先、预防为主、防治结合,彻底扭转一些地区边建设边破坏的被动局面。第二,坚持污染防治与生态环境保护并重。应充分考虑区域和流域环境污染与生态环境破坏的相互影响和作用,要将污染防治与生态环境保护进行统一规划,同步实施,把城乡污染防治与生态环境保护有机结合起来,努力实现城乡环境保护一体化。第三,坚持统筹兼顾,综合决策,合理开发。正确处理资源开发与环境保护的关系,坚持在保护中开发,在开发中保护。经济发展必须遵循自然规律,近期与长远统一、局部与全局兼顾。进行资源开发活动必须充分考虑生态环境承载能力,绝不允许以牺牲生态环境为代价,换取眼前的和局部的经济利益。第四,坚持谁开发谁保护,谁破坏谁恢复,谁使用谁付费制度。要明确生态环境保护的权、责、利,充分运用法律、经济、行政和技术手段保护生态环境。

(三)生态环境保护的措施

1.强化宣传教育,提高生态环境保护意识

对于生态环境的建设要加强宣传教育,利用多媒体等多种手段和途径开展广泛的宣传活动,不断提高人们的生态环境保护意识和人与自然和谐相处的观念,通过组织多种多样的生态环境保护教育课堂,对于旅游景点的经营者和开发者进行知识教育、法律法规的普及及环境标准的培训。处理好生态环境保护与社会发展和谐的关系,通过开展环境教育课程来创建绿色的发展氛围,在中小学及大专院校要进行生态环境保护专业课程的设置,把生态环境保护纳入学生培养的计划,培养青年一代的环境保护意识,同时配合当地机关开展环境保护知识和理论的培训,增强领导干部生态环境保护的意识,搞好社会公众的教育,向公众普及生态环境保护的知识,鼓励人们参与生态环境保护的实践,通过改变以往粗放的生产方式和生活方式,恢复自然植被,充分发挥新闻媒体舆论监督作用,对于破坏生态环境的行为通过新闻媒体进行揭露批评报道,遏制不法行为的发生。

2. 加强领导，建立生态环境保护综合机制

建立生态环境保护机制，加强和发挥领导的指导和协调作用，实行领导负责制，将政府在任期内的生态环境保护建设和管理纳入生态环境保护，组织水利、土地等相关部门协调起来，签订环境保护责任状，按照生态环境质量标准将保护生态环境的措施落到实处。对各部门的生态环境工作进行考核，实行奖惩制度，落实领导负总责制度，将生态环境的发展纳入本地区发展综合评估指标，各级政府对生态环境的保护投入更多的精力，进行有效的开发和规划，符合当地经济长期发展的目标。各级政府在对生态环境的开发过程中，也要明确生态环境保护的重要意义，将生态环境保护作为资源开发的首要前提，各级部门要在综合决策中考虑生态环境的保护和开发，主动为生态环境保护建言献策，将生态环境保护纳入可持续发展的各个环节。

3. 强化监督，建立生态环境保护监管体系

建立生态环境保护体系对于保护生态环境、实现民族长期可持续发展具有重要意义，各级环保部门要重视对于生态环境保护体系的建设，强化监督管理职能，加强对于生态环境的保护。统一标准的落实，做好生态环境保护的协调工作。督促农业、畜牧业等各部门各司其职，做好生态环境的保护和治理工作，特别是对于生态环境脆弱的地区要防止土地荒漠化趋势的加剧，对水资源开发做好流域规划，保证该地区的生活生产用水，严禁无序和破坏性的草场植被开发，对于自然保护区进行统一的建设和管理。加强对农村生态环境的监督管理工作，各地区要在生态环境发展的基础上对于自然资源进行合理开发，推动经济社会可持续发展。在制定经济发展规划的过程中将生态环境功能区进行科学的划分。水资源、土地资源、森林资源和矿产资源的开发要根据环境影响评估进行，避免对于生态环境的破坏，对可能造成生态环境破坏的项目要在建设的过程中不断恢复生态环境，对于生态环境做得较好的企业给予税收减免等优惠措施，而对于破坏生态环境的企业给予关停等处罚。

4. 加大执法力度，依法保护生态环境

保护生态环境是经济建设长期发展的必要举措，在保护生态环境的过程中，应当严格执行国家环境保护的相关法律，对于破坏自然生态环境的非法开发活动要进行取缔和严厉打击，同时加快对于生态环境保护条例的制

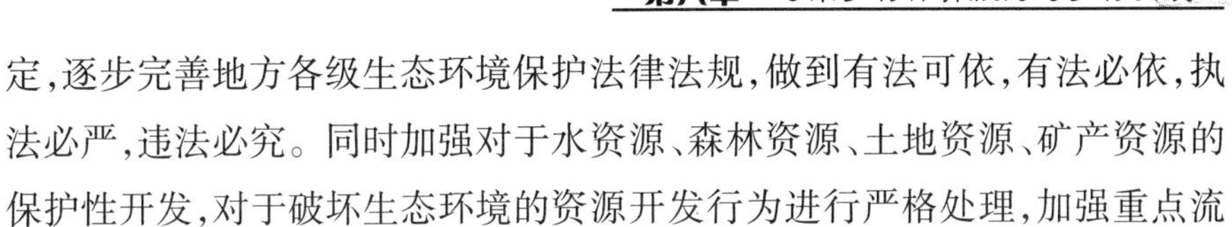

定，逐步完善地方各级生态环境保护法律法规，做到有法可依，有法必依，执法必严，违法必究。同时加强对于水资源、森林资源、土地资源、矿产资源的保护性开发，对于破坏生态环境的资源开发行为进行严格处理，加强重点流域植被的恢复，促使对于生态环境的保护逐渐走向法治化道路。

5. 分类指导，实现生态环境保护的分区推进

我国地域幅员辽阔，但是生态环境整体来说比较脆弱，环境的承载力较低，因此，在对于生态环境进行开发的过程中会加大生态环境的可承受压力，对于我国的环境保护工作来说具有非常大的挑战性。在当前形势下必须创新思路才能够实现生态环境保护工作的长期发展，对生态环境保护区进行合理划分，按照有所为有所不为的原则，逐步推进规划区内生态环境保护工作的开展。要根据当地的生态环境现状，在做好调查的基础上进行分区推进，重点抓好影响我国生态安全的生态功能保护区的建设，通过制定规划来进行及时的抢救保护工作。在重点区域停止人为的破坏和开发活动，防止生态环境的持续退化。对于已经退化的区域，要采取相应措施遏制土地的退化，对自然资源进行保护性的开发，要通过制定保护办法和对生态环境进行评估来加强对于生态环境的保护，通过加大执法力度，在保护生态环境的过程中进行资源可持续开发，将资源开发对生态环境的破坏降到最低。除此之外，在生态良好地区建设示范点，通过对农业示范点的积极引导，总结经验并研究制定相关政策，不断深化和扩大生态农业试验示范区的范围，加快对于自然保护区保护的步伐，通过建立各项考核制度强化对于生态自然保护区的管理，并通过建立示范区为其他经济示范区的建设积累经验。

6. 增加生态保护投入，加大科研支持能力

增加生态保护投入，改善生态环境，在生态保护基础上来建设生态环境。生态环境保护是一种公益性事业，各地区要加强对于生态环境的保护力度，通过建立多元化的保护机制在环境保护方面加大科研和新技术研究力度，通过科技支持来保证生态环境的建设。各级政府要把生态环境保护纳入当地发展的实际目标，通过确定课题并鼓励积极创新加强对于景区生态环境保护的工作。在生态环境保护经费方面要留出一部分用于科学研究和技术推广，提高生态环境保护的科学技术含量。

7. 加强合作,积极开展国际环境保护交流

积极开展国际环境保护的交流与合作,并认真履行国际公约,在维护国家生态环境安全的基础上,通过承担相应的义务来为生态环境的发展做出贡献,同时通过与其他国家积极交流共同推进全球生态环境的保护工作,进而推动我国生物保护的多样性,在国际交流过程中,要坚持积极利用外资和技术管理经验推动生态环境的快速发展。在引进资金方面要扩大资金来源和渠道,为生态环境的保护做出贡献。

(四)生态环境保护与体育旅游发展

生态环境保护是关系人类生存和发展的重要因素,体育旅游和生态旅游是相辅相成的关系,良好的环境为体育生态旅游的开展奠定了基础。要想在体育生态旅游的发展中取得可持续的效果,就需要加强对于生态环境的保护,同时要通过加大对体育旅游资金的投入力度支持生态环境的发展。现在城市生活的居民每天都要面对很多的污染,例如:大气污染、噪声污染、土壤污染和水污染等,人们对于美好生活的追求却始终没有停止。游客们在乡村体育旅游的过程中,希望远离现代都市的喧嚣和污染,体育旅游路线的规划和设计难免造成环境污染,为了提高环境的可承受能力,就要加大对于当地环境的保护力度。通过生态环境的改善,吸引更多的游客,从而为体育旅游的发展创造更大的经济效益。为了保护当地的生态环境,要对每日到景区游玩的游客数量进行限制,因为人类呼出的二氧化碳遇到雨水形成酸雨,对于景区的岩石有一定的腐蚀作用,所以说景区每天都要严格按照规定的客流量来保证当地的生态环境的长期可持续发展,从而延长体育旅游资源的使用价值。但是由于旅游资源的开发者的短视行为,对体育旅游资源的过度开发和对经济效益的无限制追求,忽视了环境保护,导致旅游景区的环境破坏非常严重,例如游客们在旅游时乱扔垃圾纸屑,乱写乱画,都会造成一定的环境污染。综上所述,体育旅游的发展对环境的影响有利有弊。

二、体育旅游与自然的和谐

体育旅游强调人与自然的和谐统一,和谐是指事物在发展的过程中相辅相成,互利互惠,共同发展。

(一)体育与环境

体育与环境是事物的两个方面,环境又可以分为自然环境和社会环境,它与体育的发展息息相关。

1. 体育自然环境

自然环境是人类赖以生存的自然条件的总和,对于体育而言,体育所赖以生存的自然环境对体育的发展具有很大的影响力,它是各种因素相互组合作用。在进行体育运动的过程中,人们会从自然界直接或间接地获取各种能量和物质交换。而大环境为体育活动提供了场所和交换的能量。从这个意义上说,自然环境是一切体育活动开展的基础,自然环境的优劣直接影响到体育发展的好坏。自然环境还包括天然环境和人工环境。

(1)体育天然环境。体育天然环境是指直接影响体育活动的具体内容,包括活动的位置、地形、地貌、水文等,体育的天然环境是体育活动开展的前提和基础。景区的自然资源和秀美风光决定了体育旅游发展的可能性,也在一定程度上决定了体育旅游项目的选择及游客的人数规模。人们利用天然环境来进行体育活动,这些体育活动带有很强的地域性,比如西北地区的骑马、射猎活动,极地地区的滑雪、溜冰等。人们在优美的自然环境下开展体育活动不仅能够欣赏大自然的风光,而且能够在参与活动的过程中收获无穷乐趣和新鲜刺激感。体育活动已经成为人们日常生活中必不可少的内容,如果天然环境遭到破坏将影响人们参与体育活动的积极性。

(2)体育人工环境。体育人工环境是指在体育自然环境的基础上人为加工改造的环境,人工环境是指基于人生存和发展的地区所形成的一种环境。人是一种具有主观能动性的动物,他们通过对自然的开发和利用,并从事劳动生产而聚集人群,这种环境通常是一种复合体,但人工环境中人为因素占据重要地位,人工环境是经过人为建设和改造的现实的人文环境。一类是社区、公园、广场等体育场所,另一类是专门建设的体育场馆和体育中心。

2. 体育社会环境

体育社会环境的概念与传统体育活动不同,它对传统的体育活动有进一步的拓展和延伸,体育社会环境对体育的发展具有很强的影响力,社会环境是构成其他环境的基础,包括政治环境、经济环境、文化环境,是影响人们

进行体育运动的重要因素。

(1)政治环境。体育的政治环境包括政党状况、政策法规等社会制度,它对体育的发展起到引领作用。我国大力发展体育事业,在20世纪90年代推出了全民健身计划,计划的实施促进了全国体育事业的发展,不仅使我国在竞技体育方面取得了卓越的成就,而且提高了全民健身意识,国民的身体状况有了一定程度的改善。

(2)经济环境。经济环境是指制约体育发展的各种经济的总和,经济环境的影响来自于多个方面,经济环境的发展与当地的经济发展水平及经济发展模式密切相关,经济发展水平决定了体育发展的速度和规模,而经济发展模式决定了体育发展的可持续性。经济环境因素是影响体育运动开展的前提条件。

(3)文化环境。人为因素对体育具有一定的影响力,也是影响体育发展的因素之一,包括文化因素和风土人情、教育因素等,这些因素构成了体育的文化环境。

3. 体育和环境的关系

体育作为一种社会形态在产生和发展过程中经历的每一个阶段都依赖于环境的支撑,体育和环境是相互依存的关系。社会运动也是物质和能量的交换,体育和环境之间存在着信息的交换,由于体育和环境之间存在着信息的传递,一方面,环境的发展推动了体育的发展,并为体育的发展提供了可能性;另一方面,环境的发展制约着体育的发展,决定着体育项目的选择和体育运动的效果。

(1)环境造就了体育。体育运动的本质是促进人的全面发展,是人类一种有目的的实践活动,也是人类历史的一种特殊社会现象。这种活动从一开始就是在环境(自然环境、社会环境)中产生。我们可以预见,体育行为、体育活动将永远依存环境而发展,因此环境造就了体育。

(2)体育改变着环境。体育运动在受到环境制约和影响的同时,又在能动地对环境产生着反作用,不断地改造着社会环境和自然环境。新中国体育的历程就是这一论点的完美诠释。当许海峰射击夺得第一枚奥运金牌,当中国女排连续登上世界最高领奖台,当刘翔打破世界纪录的时候,全国人民为之振奋,举国上下扬眉吐气,中国人民民族自信心和自豪感油然而生。

（二）体育旅游与旅游资源

旅游本身具有一定的健身、娱乐功能，体育旅游是将旅游的内容分类更加具体化，成为一项独特的旅游种类，因而是旅游资源为体育旅游的开展提供了舞台，旅游资源是开展乡村体育旅游的基础和前提。

旅游资源的形成大多依靠自然的客观条件，地理环境的差异性是旅游形成对游客的吸引力的关键。它们存在于宇宙间，有着各自的位置和作用，地球上千差万别的自然和人文景观在体育旅游资源和体育旅游者之间形成空间上的相互作用，即体育旅游者为体育旅游资源所吸引，旅游者从一个地区到另一个地区观赏山水美景，体验人文景观，就产生了旅游现象，体育旅游资源也正是因为它对体育旅游者产生的吸引功能而形成的。

1. 体育旅游的自然资源

体育旅游开展的先决条件是自然资源，而自然资源的形成大多是大自然的巧夺天工。岩石圈表面形成地质类和地貌类旅游资源，如内动力地质作用形成的火山地貌、地热景观、高山峡谷；外动力地质作用形成的古冰川遗址，剥蚀地貌景观的岩溶、峰林、雅丹地貌，堆积地貌之丘陵、鸣沙山等。这些自然旅游资源为登山、徒步旅行、探险、骑游等体育旅游提供了物质条件。水圈内形成江河、湖泊、瀑布、海滨、泉点等旅游资源，为漂流、游泳、滑冰、潜水等水域性体育旅游创造了条件。生物圈内形成森林景观、植物自然保护区、野生动物保护区、特殊动物群落旅游区等，成为探险、登山、徒步旅行的好场所。大气圈形成气象和气候旅游资源，如南北方的气候差异形成各具特色的景观，海南岛的亚热带风光、北方的冰雪景观、原始森林的洁净空气都让体育旅游者为之向往。这些自然环境在旅游活动之前，是人类赖以生存的基本条件，人们对其最初的赞美仅限于它可向人们提供起码的生活资料，继而对它产生了盲目的崇拜。而现代人对自然界的欣赏则以高度的科学和较强的审美能力为基础。自然物质的存在不因旅游活动是否产生而改变。

2. 体育旅游的人文资源

人文资源的形成基于自然资源，人类的历史遗存是一种宝贵的精神财富，它是社会政治、经济、文化多方面相互作用的结果。人类在发展的过程中，生产力的发展水平都可以通过遗址建筑、文学、艺术等形式保存下来，历

史遗存是游客旅游的重要资源，也是人类历史上重要的精神财富。旅游者可以利用不同的方式，采用更多的渠道来了解人类的遗存和文化发展。人文旅游资源大部分景观是天然形成的，具有客观现实性，主要表现在旅游资源供体育旅游者参观游览，但是体育旅游者无法将其带走。它包含三个方面的内容：一是体育旅游资源不会主动向体育旅游者靠近；二是体育旅游资源被破坏具有不可逆性，体育旅游资源被出售的只能是体育旅游资源的使用权，体育旅游资源的所有权不能够转移；三是体育旅游资源能够进行小幅度的搬迁，例如对于游泳池、滑雪场等个别项目进行迁移，但是它在总体上来讲没有改变体育旅游资源所具有的不可移动性。从某种意义上讲，体育旅游资源甚至不属于有价商品，尽管旅游者由于它的吸引才产生了各种旅游活动，旅游开拓者也为其建设付出了相应的代价，但许多体育旅游资源却常常以无偿的形式提供给体育旅游者，或者可以认为，多数体育旅游资源的自身价值根本无法通过货币单位来表现。事实上，体育旅游者支付的货币仅仅是所受各种服务的报酬，他们所买到的只是某些旅游方式的享用权和经历，带走的仅是某种感受。体育旅游资源本身并没有因旅游市场的交换而变更所有权，它是不可移动的。

（三）体育旅游的和谐价值

体育旅游的和谐价值是体育旅游资源社会价值中的体现，它能够满足人类生存和发展的需要。

近年来，随着人们对体育旅游资源认识的逐渐加深，对于体育旅游资源认识的手段和方式也在不断提高。体育旅游资源对人类社会的进步、人类健康和教育方面的发展具有重要意义，人们真正认识到体育旅游的价值是社会文化进步的发展要求。体育旅游价值即体育旅游的功能（效用）与人类需要之间的主客关系。体育旅游的价值包括外在价值和内在价值，外在价值包括体能的外在价值、体育旅游知识的外在价值、运动技能的外在价值、快乐的外在价值；内在价值包括体能的内在价值、体育旅游知识的内在价值、运动技能的内在价值、快乐的内在价值。判定体育旅游的价值有三个标准：内在价值的标准、满足的标准、一致的标准。体育旅游价值的属性有：属人性和社会性，客观性和主体性，应然性和实然性，局限性和拓展性。体育旅游价值观是指体育旅游的发展对于人的全面发展、社会的进步、工作和生活的需要。体育发展中有一个重要的观点是天人合一的思想，天人合一追求的是人与自然的和谐，而体育旅游将人体身心的和谐、人际和谐、天人和谐充分展现出来。

1. 陶冶情操，愉悦心情

体育旅游资源能够帮助现代人从水泥森林中解放出来，从高速运转的工作和生活节奏中走出来，真正享受到大自然的宁静和安逸，在从事攀岩、漂流、探险等活动的过程中能够与自然界深入融合，使人的视野和心胸更加开阔。广大游客在享受大自然所带来的旖旎风光的同时，也学到了许多人与自然和谐发展的道理。自古以来，很多文人墨客攀登名山大川，对祖国的美丽山河发出了感慨，孟子的“孔子登东山而小鲁，登泰山而小天下”、苏轼的“横看成岭侧成峰，远近高低各不同”等许多脍炙人口的名句都丰富了人们的精神文化生活。人们陶醉于大自然的美景、呼吸新鲜的空气、观看秀丽的风光时不仅能够使身心得到放松，而且可以从自然界领悟出许多人生的道理，真正地陶冶情操。户外运动，除了能够对人的精神进行休整之外，还能够与自然相互交融，真正地体验到真善美，而人们在享受自然风光的同时也意识到环境保护的重要性，使天人合一的思想得到完美继承。

2. 养成坚忍不拔、拼搏向上的性格

风光旖旎的山区气候往往多变，山势地形崎岖复杂，体育旅游者们需要背负起自己的行囊，攀登绝壁，跨过溪流，披荆斩棘。在与自然界进行较量的过程中不仅能够提高自身的野外生存技能，而且能够锻炼自己的品格，培养自己沉着处世的能力及坚忍不拔的意志。体育旅游能够使人不断挑战自我，挖掘自身潜能，培养勇往直前的精神，参加体育锻炼能够增强人的自信心，培养人们顽强的品质。

3. 培养团队精神，促进人际关系的和谐

人际关系的和谐是社会和谐的一部分，社会是由人组成的，人际关系和谐对社会和谐而言具有重要意义。人只有在社会中才能得到充分的自我实现，自我完善，而社会中的人际关系并不是像我们想象的那样会随着社会的进步而不断发展。随着市场经济的发展及西方腐朽思想的渗透，有一些人把人际关系和朋友之间的情感放在利己主义之上，现代都市人减少了人们之间的交流和交往，改变了人们的交往方式，导致信任危机和道德危机。体

育旅游作为一种群体旅游项目能够给团体造成一个封闭的空间,在这个封闭的空间使个人和社会进行充分的融合,人只有进行沟通和交流才能够参与群体项目,并在参与的过程中体验到征服自然的乐趣,给人们相互交流提供了畅所欲言的机会。大自然的美丽风光又激发了人们交流的欲望,旅途疲惫时同伴的扶持、嘘寒问暖,遇到障碍时同伴的关怀,这一切都给了我们不断克服困难、战胜自我的信心,同时也能够促进与同伴之间友情的加深,在户外运动中,大家同喝一壶水、同睡一个帐篷是经常的现象,相互配合,不但提高了人与人之间的信任感,而且有利于培养团队精神。在体育旅游中每个人都有自己的分工,而每个人的分工都与整体的发展密不可分,在参与体育项目时每个人必须时时想着集体,集体又时时牵挂着个人。因此,制定严明的组织纪律是保证体育旅游发展的关键,只有团结互助,相互关心,才能够在体育项目中顺利完成任务。因此,体育旅游项目能够促进人际关系的和谐,培养人的团队精神,为人际关系的健康发展提供交流的平台。

三、乡村体育旅游环境保护的策略

(一)加强旅游者的环境教育

旅游者是旅游的主体,加强旅游者的环境教育是保护旅游环境可持续发展的重要内容。旅游者在旅游的过程中承担着保护环境的责任和义务,学校和社会对旅游者进行教育,从而提高旅游者的综合素质及对环境的认知,通过道德的约束来提高旅游者自身的素养。由于我国在对环境伦理的研究方面起步较晚,很少有专家对其进行深入研究,因此缺少了环境与旅游发展的深入探讨,如何将环境伦理运用到环境保护可持续发展中对加强环境保护具有重要意义。

1. 加强学校的环境伦理教育

要想提高旅游者的环境保护意识,就需要加强学校的环境伦理教育,只有让伦理教育的内涵深入旅游者的内心,旅游者才会自觉地保护环境、爱护环境,并抵制各种破坏环境的行为。学校作为人们学习和发展的场所,也是对每个公民进行教育的场所,所以加强学校的环境伦理教育对环境伦理教育发展来说举足轻重,道德教育是学校教育的核心内容,德育也是所有教育的重中之重,环境伦理教育应该从中小学的课程中就涉及,并在高等院校学

生课程中专门设置相关课程，以培养学生的责任感，通过规范其自身的旅游行为，培养其保护环境的意识。在学校教育中对不同层次的人要采用有针对性的分层次的教学方法，考虑到不同年龄层次的人对于知识的接受能力不同，对于学龄前的儿童应当采用直观的娱乐性的教学方法，并把与环境相关的知识深入语文、数学、美术等相关课程；对于中小学生应当进行课程的设置，将环境知识融入学校的教学性内容，使环境伦理教学与其他学科交叉进行，引导学生正确地认识环境保护的重要作用，以及生态环境保护对于社会发展的重要意义；小学生活泼好动，求知欲较强，学校可以通过组织郊游的方式给学生们讲解环境保护的现实意义；对于大学生而言，由于大学生的价值观基本已经形成，因此，对这一特殊群体进行教育，就要引导其积极参与环保的实践及各种宣传活动，以增强他们对于大自然的亲近感和环境保护的主人翁意识。

2. 强化社会环境伦理知识的普及和宣传

公民的道德水平是一个循序渐进的过程，个人的发展是一个不断自我完善的过程，应使他律与自律相结合。他律就是依靠社会上的一些法律规范和规章制度来告诉经营者应该做什么、不应该做什么，旅游道德的发展处于初级阶段，社会舆论能够对旅游者起到约束作用，因此，应当充分发挥大众媒体的舆论监督作用，加强对于环境保护知识的宣传，在社会上形成良好的保护环境的风气。同时各单位要充分利用世界环境日等向群众传播环境伦理教育知识，并倡导低碳出行、绿色出行，引导大众培养环保意识，并谴责社会上破坏环境的行为。对于环境伦理教育而言，教育的对象非常广泛，而教育的途径多种多样，如：可以通过广播、电视、报纸等大众媒体，也可以通过其他的一些手段来培养公众的环境伦理意识。通过实践活动可以提高民众的伦理素质，可以在社区等场所通过组织户外植树，以及定期的知识讲座等活动宣传环境保护相关知识，在社区形成保护环境的良好氛围，从而推动旅游业的健康可持续发展。

3. 改进景区的环境伦理宣传措施

景区的环境伦理宣传措施对于景区的发展来说至关重要，改进景区的环境伦理宣传措施不仅能够提高游客的综合素质，而且能够对游客的不良行为进行有效的约束。景区中一些文化程度较低、自身素质较差的游客在

旅游的过程中通常出现乱扔垃圾、乱写乱画、破坏环境的一些不文明现象，面对这些游客，景区要进行环境伦理教育，比如，在容易被破坏的地方张贴保持环境卫生等宣传资料，同时景区要采用灵活的方式进行宣传，不能呆板生硬，否则游客不仅不易接受，而且会产生抵触情绪。景区应该通过多样的方式来宣传环境伦理相关措施，比如在景区通过建设环境知识宣传馆等使景区的工作人员与游客进行交流学习；在生态环境馆旁边设立多媒体资源，使游客们能够真正了解环保的重要意义；在门票的上方印有环境保护的相关知识，并提醒游客要文明出游。景区管理人员也可以在景区内为游客们发放环保塑料袋，组织游客植树及志愿者清洁景区等活动提高游客的环保意识，达到寓教于乐的效果。除此之外，景区也可以通过艺术展览来宣传保护自然环境的重要意义。景区的宣传方式，不仅能够使游客认识到生态环境的重要作用，而且能够使游客在景区游玩的过程中学到相关环保知识。

（二）旅游开发和经营者应遵循旅游环境伦理原则

1. 旅游开发者应提高自身的环境伦理觉悟

旅游开发者要努力提高自身的环境伦理觉悟，旅游景区的建设者和开发者的环境价值观会对旅游环境的发展产生重要影响，旅游开发者和旅游管理者的伦理觉悟直接关系景区的有序开发利用。因此，在倡导提高游客综合素质的过程中，应当提高旅游开发者的伦理觉悟。旅游景区是非常珍贵的旅游资源，旅游资源对旅游的发展具有基础性和全局性的作用。对于自然资源的有序开发能够保证不超出景区的环境承受力，生态环境的平衡不受破坏，有利于景区资源的可持续性开发和利用。旅游项目的开发是旅游资源所具有的经济性价值，不应当忽视旅游资源本身所具有的不可再生性，只有正确认识旅游资源的稀缺性，才能处理好旅游资源开发利用和环境保护之间的关系，做到合理有序地开发旅游资源是旅游开发者义不容辞的责任。景区的旅游资源对当地居民来说非常珍贵，旅游资源的管理者和开发者应该具有综合决策能力和长远目光，制定可持续发展的旅游环境伦理指导原则，在这一原则的指导下对自然资源进行可持续性的开发，对于开发的过程，以及开发后的处理进行提前规划和思考。在开发过程中，旅游开发者要始终保持清醒的态度，在尊重自然和保护自然的基础上，转变以往粗放式的旅游开发方式，通过合理有序的开发引导游客真正地保护生态环境。

旅游开发者不能仅仅凭个人的喜好及意愿盲目地追求经济效益，应当在开发的过程中做好资源的保护，只有提高旅游开发者的环境伦理觉悟，才能够对旅游资源的可持续性和长期开发利用真正具有重要意义，促进当地的环境资源转化为经济资源。

2. 旅游经营者应重视景区的环境承载力

我国是一个人口大国，因此，应当重视景区的生态环境的可承受力。带薪休假制度在我国许多地方没有贯彻执行，我国绝大多数旅游景区在旅游高峰期和旅游黄金周往往游客爆满，游客的过度集中对旅游景区的环境承载力造成一定的压力，有些旅游景区的旅游设施存在着安全隐患、年久失修等问题，影响游客游玩的心情。为了保证游客在游玩过程中的人身安全及生态的可持续发展，旅游景区必须重视景区的环境承载力，采取限制游客的数量、每日控制人流量等措施，保持旅游资源的可持续发展。景区为了预防游客数量超过景区生态环境的承受力，可以采用以下方式来控制：第一，遵循人流量第一的原则，景区可以在不同地区设置游客休息区，并在景区内开辟其他的游览场馆及游览区来分散客流。在景区内，可以将各个区域进行细致划分，游客能够根据自己的需要进行游览参观。同时，在重要景区和游客爆满的景区增加游客通道，达到在最短的时间内疏散人流的目的。可以采用预约方式帮助游客培养网络购票的习惯。第二，在旅游淡季，通过降低门票价格的方式吸引更多的游客。游客们通过预约制度能够使旅游管理者掌握游客的数量，以便提前做好规划。第三，通过旅游的淡旺季门票的差异价格来控制游客的数量。第四，在知名的风景区可以设置游客专用通道达到对游客分流的目的。

3. 旅游经营者应创建科学严密的景区管理体系

旅游景区是需要维持生态平衡的场所，旅游经营者应当按照国家的环境保护法律法规对旅游景区依法进行管理，同时根据旅游环境伦理原则及景区的实际情况对景区的旅游资源进行合理的开发和保护，以争取在生态环境可承受能力之下保护旅游景区的环境，帮助景区不断实现经济效益的攀升。

首先，旅游景区要加强景区的服务工作及卫生工作。景区的卫生状况不仅影响到游客游览时的体验，而且是衡量景区发展的重要指标，因此，景

区要在资金方面加大对于卫生设施的投入力度，并配备更多清洁人员，做好景区内的环境卫生清洁工作。景区内的卫生设施应当秉持着方便游客、易于管理，以及与周围景区相协调的原则来设置。在景区周边应当设置卫生设施给游客们提供方便；在对卫生设施建设的过程中要与当地旅游的环境相适合，不能显得太突兀，不能破坏旅游景区整体的美观，做到卫生设施与环境相协调；设计中要充分重视卫生设施的实用性；景区要配备专门的工作人员及时倾倒垃圾，定期检修卫生设施，并对景区的卫生状况做好监督管理，形成常态化的管理体系。

其次，旅游景区要加强对游客行为的监督，尤其是对破坏环境及乱写乱刻等不文明行为的监督。游客的环境保护意识是影响游客们文明出游的关键，游客们不应当只重视自身的旅游体验，而忽视自身旅游行为对环境的危害，比如游客们随手乱丢垃圾、在建筑物上乱写乱刻。游客的破坏行为不仅会对景区自身的生态环境造成影响，还会造成当地的大气污染、水污染。我国部分著名景区和游客量较大的景区通常对车辆和旅游人数进行严格的限制，对于尾气排放量较大的汽车禁止进入景区，在寺庙、佛教名山等为了降低游客们焚香烧纸所产生的环境污染，通过限制游客数量来保证当地的空气质量。在我国旅游资源破坏严重的地区，如果游客不能自觉遵守环境保护的相关规定，游客的不文明行为就应成为管理者管理的重点，景区要针对游客的不文明行为及时地说服教育，并采取相关惩罚措施以达到维持景区环境整洁的效果，景区还可以在游客游玩的过程中，通过宣传标语的张贴来提高游客的环保意识。

再次，旅游景区要对景区经营者进行环境伦理教育。近年来，随着旅游业的发展，许多民间资本融入旅游产业，景区的经营者在对旅游项目的经营方面也多式多样。我国部分名胜古迹地理位置较为偏远，经济文化相对落后，景区内从事餐饮、住宿的管理人员通常是当地的居民，由于当地居民收入水平不高、整体素质较低导致景区的经营者和服务者缺乏环境保护意识，没有意识到生态环境的保护对经济可持续发展的重要意义。随着越来越多的游客拥入景区，一些从业者由于自身素质低下，在经营和服务过程中通常会出现破坏当地生态环境的行为，例如：在景区的河流排放污水、捕杀当地野生动物。这些行为不仅破坏了生态环境，也影响了旅游景区的持续发展

能力，因此，旅游景区应当在遵循环境保护原则之下，搞好景区的发展工作。第一，景区要对景区项目的承包者的资质和营业执照进行严格的把关和筛选，防止流动人口进入景区从事景区经营活动。第二，景区管理者要按照国家法律法规对景区从业人员的资质进行审核，同时要对环保专项资金的使用进行监督检查，对污染物的处理排放进行监督和管理，对景区的废弃物没有进行处理就排放的行为进行督促处理，对没有营业资格的流动商户进行处罚，同时劝阻流动商户定点经营。第三，景区管理者除了要使用行政手段，还要通过说服教育等方式对景区的经营者进行教育。通过对景区经营者进行入职培训及组织考试等方式向景区经营者灌输生态环境保护的意识，并对其环保知识进行考查。生态环境是旅游业可持续发展的前提和基础，因此，景区的经营者应当自觉履行环境保护的责任。

最后，景区管理者要加强对于景区的日常管理和维护。对于景区内的自然环境和文化古迹要及时采取有效的保护措施，防止游客进行损害，同时景区管理部门要通过法律法规的落实来管辖景区内的花草树木和野生动物，为游客们在景区游览创造优美的空间。

（三）旅行社积极开展环境伦理教育与培训

1. 重视导游入职前的环境伦理教育

在导游入职之前对其进行环境知识考核，保证导游具有较高的环境保护知识。由于我国的许多导游都来自大专和本科院校旅游管理相关专业的人员，导游在入职之前就具有较高的专业素养，这对于加强旅游景区的环境伦理发展具有重要意义。环境保护教育是景区开发的重要内容，我国部分高校在旅游专业中除了开设环境伦理学这门课程，还根据旅游专业的实训知识进行讲解，培养学生正确的环境伦理观。老师通过在课堂上将环境伦理知识灌输给学生，与学生进行交流探讨等方式培养学生的环境保护意识，为他们日后走向工作岗位打下基础。此外旅游专业的学生还要加强相关旅游法律法规的培训与学习，提升综合素养。但是，仅靠课堂上老师的讲授远远不够，高校在设置这门课程当中要采用灵活多样的方式，例如，可以通过聘请专家等方式开设相关讲座、组织学生参与环保实践等，提高学生的环保意识。在考取导游资格证书的过程中，除了要考核考生的旅游相关专业知识，还要考核与环境保护相关的知识，提升导游的综合素质。

2. 加强导游职后培训中的环境伦理教育

大多数游客在出游时会选择旅行社这一中介，旅行社自身的环境伦理意识对游客具有潜移默化的影响，因此，加强旅行社工作人员的环境伦理培训对于旅行活动的开展具有重要意义。导游除了具有本身的职业素养之外，还要主动向游客传授相关环保知识，提高游客的环境伦理意识，通过不断加强导游的环境伦理素养进而影响游客的行为。对导游的培训应当从两个方面进行，一个是相关知识的讲授，另一个是技巧的培训。导游在入职之后，旅行社应当对导游进行定期的培训和考核，督促导游参加一些专家的环保知识讲座，并将相关环保理论知识运用到实际工作中去，以提高环境保护的意识。旅行社要帮助导游掌握劝导游客的相关技巧，及时科学地制止游客的不文明行为，在帮助游客规范不文明行为的过程中能够维护游客的自尊心。旅行社可以组织环境伦理知识大赛，对于表现优异的导游通过颁发奖章树立榜样的方式鼓励更多的导游争做高素养导游。在导游形象的培养方面还可以借鉴其他国家对于导游培养的经验，从而不断提高导游的综合素养。

（四）政府相关部门切实履行旅游环境保护责任

无论是文物古迹还是自然风光，都是祖先留下来的宝贵遗产，我们每一个子孙都应当承担起保护的责任和义务。儒家强调人与自然和谐相处，重视人与自然的关系，人类要保护自然环境，维护生态平衡，这也是旅游业实现可持续发展的必要手段。政府在处理相关关系的过程中，可以通过行政手段和其他经济手段保证旅游业的长期可持续发展。

1. 加强旅游环境伦理建设

政府部门要加强对旅游环境保护法律法规的落实，不断加强旅游环境伦理建设。随着人与自然矛盾的日益尖锐，政府必须在经济发展和生态平衡之间找到一个平衡点，发挥政府的协调组织作用。政府的科学决策能够解决经济发展和环境保护之间的矛盾，政府如果一味地追求经济效益就会破坏当地的生态环境。近年来，由于部分地方政府环保意识薄弱，只重视短期的经济利益而忽视了长期的社会效益，最终导致生态环境遭到破坏，水土流失加剧，生态失调。政府部门要加强对于旅游环境伦理建设的督促和引导，引导旅游开发者和管理者按照相关法律法规开发管理景区，同时政府也

要认识到只有培养旅游开发者和经营者人与自然和谐共生的意识,才能够在满足游客自身旅游需求的同时不去损害和破坏自然环境。当地政府在对于旅游景点开发的过程中应当运用旅游环境伦理原则,对旅游景点的开发做好事前的评估和事后的监督管理工作,通过科学的管理来指导旅游项目合理开发,促使旅游项目进一步开发,促进当地的经济发展。

2. 进一步提高旅游环境保护规划水平

政府通过对旅游环境进行保护规划,来提高当地的生态环境质量。政府在进行环境保护规划的过程中,应当重视其可行性,从整体利益和长远利益出发。第一,要全面调查当地的实际情况。政府在进行环境保护规划前,应当进行充分的调研,有针对性地对区域内的旅游环境进行摸底排查,详细了解旅游景区的现实状况,弄清楚当地的地形地貌及水源特征等生态状况,除此之外,还有当地的经济文化、风俗习惯等。第二,根据调研的实际情况来制定旅游开发的方式。政府要根据当地的实际情况进行合理的规划,充分考虑当地环境的承载力,在资源开发和环境保护之间找到一个平衡点。第三,政府要以环境保护为出发点,科学布局当地的旅游项目开发。政府要根据旅游资源的不同特点来进行开发,最大限度地降低旅游项目的开发对当地自然环境的损害。政府在进行旅游环保规划的过程中,应当坚持可持续发展的观点,追求旅游业的健康发展。在发展旅游经济的过程中尽量降低对于生态环境的破坏和对于当地文物古迹的破坏,不能影响生物的多样性的发展,达到人与自然和谐共存的局面。政府在贯彻环境保护伦理原则的过程中,不能采用教条主义及“一刀切”的方式,要结合当地的实际运用相关的理论,只有从当地的实际出发,才能够使经济建设和环境保护协调发展,不断提高旅游环保水平。

3. 切实落实旅游环境保护法律法规

目前在旅游行业开发市场上存在着功利主义价值观导向,这种以追求经济利益最大化为目标的旅游业的开发与保护环境的宗旨背道而驰。让旅游业的开发者和管理者真正地接受旅游环境伦理思想及确立正确的环境保护价值观,并在这种价值观的引导下长期指导自身行为具有重要意义。旅游环境伦理仅仅从道德的层面对旅游开发者进行约束,这种没有强制性的约束措施往往收效不大,因此,应当完善相关法律法规,做到伦理和法律法

规相结合，这样才能够从各个方面提高旅游开发者的综合素质。法律和道德是人在社会中生存和发展必不可少的两种手段，政府落实环境保护法律法规，这一过程也是落实旅游环境伦理原则、促进旅游经济健康发展的思想的体现。《中华人民共和国旅游法》（以下简称《旅游法》）对破坏旅游设施的行为做出了明确的处罚规定，但是在法律实施的过程中，相关规定并没有得到完全落实，履行法律法规的过程仍然很漫长。尤其是在旅游业发展的关键时期，政府要想施行旅游环境保护法律法规任重而道远。政府及相关部门要切实落实《旅游法》，并在此基础上不断完善法律法规。政府在对旅游景区进行审批规划的过程中要与环保、水利、林业等相关部门进行交流，此外还需要通过开听证会的方式对于破坏环境行为的惩处力度来征求公众意见，让旅游开发者为破坏环境的行为付出代价。另外，政府及相关部门也需要加强对法律法规落实情况的监督与管理。调查研究发现，现在的景区存在着多头管理现象，一个景区往往由多个部门管理，缺乏明确管理主体会导致管理乱象的出现。为了避免无人管理或管理混乱，政府和相关部门应当成立统一的景区管理部门，在此基础上通过协调统一管理及法律法规的落实，做到有法可依，有法必依，执法必严，违法必究。上级部门应当根据执法情况的反馈，并结合当地旅游景区的规划和项目建设情况定期对环境进行评估和考核，一旦发现问题，立刻进行整改。对于一些经济不够发达、地理位置较偏远的景区，政府应当通过科学的管理，从当地实际出发帮助经济发展薄弱的地区依靠旅游来实现当地经济的发展。在发展过程中要对环保进行规划及投资，在面临经济困难的情况下，政府应当酌情拨发政府财政，对于经济欠发达的地区加大扶持力度，同时，政府部门也要提高自身的管理水平和服务水平，切实落实相关法律法规，帮助景区实现可持续健康发展。

改革开放以来，随着科学技术的不断发展，人们的生活水平有了迅速的提高，大众对于新的健康的绿色生活方式的需求也越来越明显，旅游成为人们休闲娱乐的重要方式。近年来，随着旅游业的快速发展，我国旅游景区在黄金周面临游客数量攀升的现象，旅游景区项目多种多样，在为旅游产业带来经济发展的巨大效益的同时，旅游开发者和管理者及旅行社应当协调统一，通过交流来降低旅游行为对于当地自然环境的破坏。这一节从伦理学的角度探究人与社会和谐相处之道，同时通过运用环境伦理原则规范游客

自身的行为，在写作过程中，参考了与旅游发展和环境保护相关的文件资料，通过对于资料的收集、分析、归纳和整理，从环境伦理学的视角发现我国在乡村体育旅游中存在的问题，并将乡村体育旅游扩展到人与自然和谐相处的层面上。随着社会的发展，人们的伦理道德意识会不断提高，用伦理道德的观点指导乡村体育旅游的开发和建设能够正确处理资源开发与环境保护之间的关系。自然景观在带给人们愉悦的同时又能够实现长期可持续发展，要想实现健康的发展就要摒弃以往人是万物主宰的传统思想，站在一个正确的角度看待人类在自然界中应当承担的责任和义务。通过对我国环境伦理问题的探究，希望能够对旅游业的发展产生一定的指导作用。

第九章

河南乡村体育旅游的发展前景展望

第一节　乡村体育旅游绿色发展理论逻辑

绿色产业在我国来说是一种新型产业，近年来我国贯彻习近平总书记所提出的“绿水青山就是金山银山”的发展理念，在乡村体育旅游的开发过程中强调绿色产业的发展。绿色产业是一种能源节约、环境友好的发展方式，就是在尊重自然、与自然和谐相处的条件下来进行的旅游发展。要追求生态环境效益的最大化及经济效益的最大化，就需要树立绿色发展的理念，改变以往单纯注重经济发展的粗犷式开发方式，统筹经济、社会和生态环境三者之间的效益。在开发乡村体育旅游资源的过程中应当遵循绿色的生产方式，只有突破资源和环境的制约，才能够加深绿色产业的发展程度。为了推动绿色产业的发展，需要在乡村体育旅游的过程中不断创新发展模式，坚持节约资源和保护环境的基本国策，保护生态环境就是保护当地的经济及生产力，改善生态环境就是发展生产力。因此，在发展乡村体育旅游的过程中应当坚持生态环境保护优先，经济效益次之的发展原则，保护生态环境的多样性和生物的多样性，让乡村呈现一副安居乐业、产业兴旺、农民幸福的景象，进而推动乡村体育旅游的发展。完善对于乡村体育旅游资源的评价体系，改变以往仅仅注重经济发展的单一评价模式，真正把生态环境保护和能源消耗放在经济发展的考核中去。对于资源生态环境进行管理，发挥市

场在资源配置中的决定性作用,在生态环境发展的过程中,要将绿色发展的理念融入生态环境开发的各个环节,这有利于推动乡村地区的产业化发展结构的优化,是乡村振兴战略下乡村发展的切实需求。

乡村资源开发的绿色产业发展的过程中我们要注重乡村的资源环境问题,河南省作为农业大省,农业自然是很多乡村地区经济发展的主要产业,在乡村地区发展乡村体育旅游的过程中不可避免地会占用很多农业资源,长期看来,这对河南乡村地区的经济发展和生态保护是没有好处的。基于此,要坚持绿色发展理念,也要保护绿色产业环境。乡村的发展归根结底离不开农业,乡村体育旅游的开发只能作为优化乡村产业结构的一部分,始终无法替代农业发展的地位。在乡村资源的开发中要始终坚持资源利用绿色化、环境修复绿色化、生态保育绿色化的生产理念。

乡村资源开发的绿色产业发展的过程中也应该构建绿色的政策体系。乡村体育旅游的发展应该根据当地环境和社会资源的实际情况合理开展,避免过度开发,只有政府做好正确的政策引导,才能确保乡村体育旅游在乡村建设中的绿色可持续开发理念。

第二节　乡村体育旅游绿色发展模式

一、乡村体育旅游的“绿色饭店”发展模式

饭店业是乡村体育旅游发展的重要产业之一,也曾经被认为是环境友好的产业。而最新数据表明一家中档饭店每天所排放的废弃物与相同规模的工矿企业相比,能耗和废气排放量相当,而中高档的豪华饭店要高于同规模的工矿企业所排放的废弃物。在建筑面积为 8000 ~ 10 000 平方米的饭店每年会消耗 1.3 万 ~ 1.8 万吨标准煤,相当于一个大型工厂;每个客人的耗水量每天约为 1 吨,而我国很少家庭每月每人的耗水量超过 3 吨;一般的饭店年用电量为每平方米 100 ~ 200 千瓦时,这个用电量是普通城市居民用电量平均水平的 10 ~ 20 倍;一家饭店每年要排放的污水量有 10 万吨左右,这些污水,除了生活污水,还有厨房污水、洗衣房污水等,污水会对当地的生态环境造成破坏。综合上述的数据可以看出:饭店在为游客们提供优质服务

的同时,也造成了能源和生态环境的破坏。政府应认识到只有培养旅游开发者和经营者人与自然和谐共生的意识,才能够在满足游客自身旅游需求的同时不去损害和破坏自然环境,当地政府在旅游景点开发的过程中应当运用旅游环境伦理原则,对旅游景点的开发做好事前的评估和事后的监督管理工作,通过科学的管理来指导旅游项目合理开发,促使旅游项目进一步开发,促进当地的经济发展。

(一)“绿色饭店”的内涵及特点

绿色饭店主要推行节约资源和保护环境的基本国策,在对绿色饭店开发的过程中通过建立环境友好型的宗旨,引导住宿顾客树立文明的住宿理念,培养绿色的生活方式,以提高能源的使用效率,降低能耗活动。从绿色饭店的发展看,绿色饭店的目的是降低人们对环境危机的忧虑,是环境可持续发展的重要动力,表现出人们的一种绿色发展的意识。绿色饭店崇尚尊重自然,爱护自然,与自然和谐相处。在做法中,首先是通过合理规划自然资源,减少能源的消耗、废弃物的排放来促使饭店在各个环节降低对环境的危害。绿色饭店主要是通过绿色健康理念的执行来合理规划饭店资源,其核心利益是为游客们提供更加舒适、安全及健康的住宿环境和餐饮。

(二)绿色饭店的生态化控制过程

为了向游客提供更加优质的服务,对绿色饭店进行生态化控制必须以固定的资产为载体和依托,使绿色发展的理念贯穿到从饭店设计到饭店经营各个环节的管理和服务的全过程。

1. 饭店设计的生态化

从饭店的硬件设施看,其规划设计的各个环节要始终坚持可持续发展的理念,包括对于净水系统及采光系统的室内设计。

(1)室内设计。在客房的装修材料和家具的布置上都要采用无污染的绿色材料,材料应当符合国家所要求的标准,降低材料中对人体有害物质的含量。饭店的整体规划应注重与整个景区环境的协调和融合。

(2)室外环境。景区饭店的建筑风格要符合当地的文化特色,注意建筑物的玻璃墙壁所造成的光污染及废气排放所造成的烟雾污染,同时控制中央空调及排风扇所造成的噪声污染,通过采取种植草坪的方式来提高绿化率。

2. 饭店运营的清洁生产化

从保护生态环境的原则出发来生产环保的绿色产品，在产品的使用中注重产品的循环利用。第一，延长产品的使用寿命，减少废弃物的产生；第二，对可持续和可重复使用的废弃物要再次利用，尽量降低对一次性用品的使用率；第三，合理规划饭店的经营内容，对于耗费资源的服务项目尽量舍弃；第四，采用节水装置和节能设施控制饭店的水资源和电能资源的使用量；第五，在饭店服务过程中所产生的噪声应当控制在国家标准之内。

3. 产品及服务的绿色化

（1）产品的绿色化。在饭店产品的生产服务过程中，应当遵循旅客生命健康至上的原则，饭店的食品和物品应当符合国家卫生组织标准，对于有污染物的原材料拒绝使用，在饭店中尽可能使用生态型餐具，通过使用再生材料来制造酒店用品，例如：用再生纸代替金属烹饪食物，在食物烹饪的过程中使用符合环境保护要求的餐具，禁止使用珍稀濒危物种烹饪制作食物，尤其是国家保护的动植物；酒店在服务过程中所产生的一次性用品，应当在保证卫生的前提下，尽量供同一客人多次使用，以节约资源。同时，用纸盒打包饭菜的方式避免塑料袋所造成的白色污染。对于饭店所提供的健康食品和肉食、禽蛋类的食品应当选择正规的渠道进行采购。

（2）服务的绿色化。在向住宿饭店的游客提供服务的过程中应当以人为本，从客人的利益出发，为其提供人性化的、专业化的服务，通过营造和谐的人际关系让游客们有宾至如归的感觉。在对于服务用品的选择上，尽量减少一次性用品的提供，在向客人提供送餐打包服务的过程中应当秉持减少浪费的原则，尽可能地向客人推荐绿色健康的食品。

4. 资源利用的高效化

资源利用主要是指饭店的能源使用，例如煤气、石油等，不断提高能源效率。在海拔较高的地区，如西藏地区等的饭店可以采用太阳能热水器系统来为客人们提供生活用水；在风力资源丰富的地区，可以利用风能来减少对于能耗的消耗。通过使用节能灯进行照明、在客房中安置人体感应式照明系统、在卫生间安装感应式冲厕设施、在公共区域自动扶梯处采用变频技术和人体感应技术及在无人乘坐电梯时停止运行，以减少能耗的产生。低能耗的绿色化酒店崇尚绿色发展的文化价值观，营造出一种和谐的文化

氛围。

5. 企业文化的绿色化

企业文化是企业员工共同拥有的价值观、企业的精神和经营哲学，是渗透在企业一切活动中的企业灵魂所在。绿色企业文化旨在保护资源、环境和人类健康，是现代企业文化理念的一种体现。旅游业在发展的过程中，应当坚持保护环境的基本国策，节约资源来维持生态平衡，创建绿色饭店除了要培养游客及饭店运营者和服务者的绿色意识，同时也要将绿色技术运用到饭店管理的各个环节，形成饭店独有的绿色发展核心文化。在创建绿色文化的过程中，应当转变饭店的经营者和管理者的陈旧的发展理念，饭店作为一种劳动密集型的行业，对于饭店员工进行绿色发展意识的培养至关重要。员工是绿色发展的实践者和执行者，对员工要进行生态环境教育，规范其行为，通过贯彻各项措施来营造绿色和谐的企业文化，通过饭店的每一位从业人员的行为让消费者感受到企业的绿色文化，从而成为绿色文化的自觉践行者。

（三）发展绿色饭店的利益驱动与障碍

发展绿色饭店必须以降低能源损耗为宗旨，使饭店的污水排放量最小化，最终达到降低成本和增加效益的目的。发展绿色饭店不仅能够提升饭店的形象，而且能够促进生态环境的建设，帮助饭店拥有更强的市场竞争力。当饭店对环境的保护不是来自于利益激励时，他们的环境保护行为就会局限于对法规的服从。

1. 利益驱动

促使中国的饭店出现绿色发展这样一个势头，除了近年来公众生态环境保护意识的逐渐增强，以及政府对于生态环境的重视，还有饭店自身社会责任意识的增强之外，另一个主要原因是发展绿色经济能够为企业的经营者带来可观的社会效益和经济效益。

（1）提高经济效益。发展绿色饭店能够促使饭店的产品向绿色产品方向发展，绿色产品在产品售价方面比普通产品高出 30% 左右，随着社会的发展，更多的用户对于绿色产品的兴趣逐渐浓厚。调查研究显示，北京有 82% 的用户、上海有 84% 的用户、广州有 91% 以上的用户对于绿色食品感兴趣，并且愿意以高于一般食品的价格去购买。在欧美等西方发达国家对绿色产

品的消费已经成为一种新的时尚。饭店通过采用最新技术，不断强化内部的管理，并降低对于一次性能源的使用量，可以节省 20% 的成本，节约成本不仅能够提高饭店的经济效益，而且能够提升饭店的社会形象。

（2）提升饭店形象，创造良好的企业声誉。目前的市场上选择绿色消费的人群逐渐增多，随着人们文明环保意识的增强，饭店也顺应形势不断推出绿色产品，以引导消费者绿色消费，降低能源损耗，给饭店带来了新的发展机遇。饭店实行绿色发展这一管理理念不仅有利于饭店在市场竞争中取得优势，而且符合国家环境保护的政策，得到政府在税收等方面的支持，赢得消费者的喜爱。

2. 发展障碍

人们从环境危机中觉醒后，马上以极大的热情投入新经济的发展，“绿色”成为推销产品的标签，环保成为宣传的口号，“可持续发展”成为人人喜欢但却未能明确其含义的词语。对环境问题更多地着眼于后期处理，“先污染，后治理”的老路仍在重复，未能从根本上找原因。随着绿色饭店在我国的发展，不同区域对绿色饭店的认识和创建存在着差异，在实际执行过程中的效果也不尽如人意。

《北京青年报》曾刊登了这样一则消息——“六小件”重新摆回宾馆客房，因客人强烈要求“绿色饭店行动”陷入尴尬。工业革命后，环境危机逐渐加深，而绿色运动逐渐发展并渗透到社会发展的各个领域，人们对于绿色消费这一概念逐渐熟知并且喜爱。部分饭店由于对绿色发展的认识存在偏差，为了降低成本，提升饭店形象，不少饭店打出绿色的招牌，但仅仅开设几间绿色套房、准备几种绿色菜肴就以绿色饭店自居，其在根本上并没有认真贯彻和理解绿色饭店的本质。绿色饭店的建立和运行不是短期一蹴而就的，而是一个长期的系统工程。近年来，部分饭店为了发展绿色饭店，简单地撤销“六小件”，撤销“六小件”对环保有一定的意义，但是消费者在正常付费的情况下饭店却减少了正常产品的提供和服务，这样饭店能够节约成本，但消费者却无法享受到应当享有的产品和服务。因此，饭店应当充分地认识到绿色发展的真正内涵，绿色饭店并不是简单地“一刀切”，顾客们需要不需要“六小件”及“六小件”所带来的污染和浪费这种问题并不能一概而论，饭店应该从客人所消耗的产品及对产品的循环利用等角度进行考虑，而不

是简单地撤销“六小件”。

(1)发展观念障碍。可持续性指的是系统长期存续下去的能力,它通常被认为是一个包含了经济学和环境问题全部内容的术语。但可持续性旅游并未被大多数商业界人士所认识,大多旅游企业都不自觉地赞同温和派对可持续发展的解释,他们把可持续性旅游理解为:在商业意义上“可以生存下去的旅游”,即那些可以盈利并存在下去的商业活动。各级政府及旅游机构支持可持续性旅游也大都是从其对国民经济的贡献的角度考虑的。

在饭店业竞争日趋激烈的今天,一些饭店往往打着“绿色饭店”的招牌提升知名度,而对“绿色饭店”的经营理念和行业标准不甚了解,使这一招牌形同虚设;另外,饭店在建设的过程中一味地重视“标准”,没有自己独特的定位,效益的获得是建立在“高能耗、高产出”基础上的,从而造成了极大的资源浪费。对环境问题的思考可以有不同的深度或程度,同济大学的诸大建教授曾提出“浅绿色”与“深绿色”两种不同程度的环境观念,绿色经济的发展主要经历了两个阶段,绿色观念的发展与经济的发展密不可分。20世纪六七十年代出现了第一次绿色发展的浪潮,绿色发展强调要将环境和经济发展进行整合,而绿色发展的观念偏重于从科学技术方面解决环境污染所带来的问题,缺少从国民观念及国家制度方面发展体制和文化等全方面的研究。

目前我国绿色饭店的发展还停留在“浅绿色”的认识之上,从节能设备的使用到“六小件”的退出,无不基于眼前利益或舆论的考虑,因此,很多饭店在发展绿色饭店的过程中,仅仅停留在表面的工作上。

(2)会计成本障碍。由于绿色发展停留在浅显的认知层面,当绿色发展的观念与饭店的经济利益发生冲突时,饭店往往会舍去绿色发展,以降低成本障碍。环境保护与饭店的经济效益紧密相连,绿色饭店在建设的过程中通常采用的是可循环的材料,而大部分设施也是在降低能耗、减少废物排放的同时降低饭店的运营成本,绿色饭店不仅能够传播绿色理念,而且能够节约和降低成本,因此,前期需要大量的投入,但是在绿色饭店建设中不能以绿色理念为旗号,降低服务质量。如新建饭店节能降耗设施设备的安装及老饭店的更新改造所需的一次性成本耗费较大,这种投入的加大往往会让一些饭店在短期利益和长期利益之间徘徊。有些饭店为了减少洗涤、一次

性消耗用品的使用成本，会采取给客人一定的优惠或奖励方式，但因之而发生的成本费用有时却会高于减少使用带来的成本节约。还有的饭店在借"绿色"饭店之名图成本减少之实时，不惜以此不断降低酒店为客人提供服务的质量。绿色饭店发展的主要障碍是发展成本和未来的收益，这也是阻碍饭店"创绿"的直接障碍。

(3)消费需求障碍。人们日益增长的消费需求是资源浪费、增加环境消耗的主要原因，降低对于一次性能源和日用品的消费对环境保护有重要意义，但是，降低消费往往与消费者的意愿背道而驰。消费者消费的目的是享受更好的服务和体验，酒店采取的环保措施和降低能耗的举措并没有让客人们感受到真正的实惠，因此，在推行绿色理念的过程中就应该提高个人对于环保理念及绿色消费的认知，将消费者的消费观转向绿色产品的消费上，这不是强制地减少客人的实际消费。饭店实行绿色消费能够降低饭店的运营成本，但是绿色饭店的运行与客户的正常需求是一对矛盾体，因此，绿色饭店在推行绿色消费的过程中，往往会受到客人的抵制。

虽然服务业的宗旨是"顾客是上帝"，但"上帝"也有不成熟的时候，传统针对饭店的消费观点往往会阻碍饭店"创绿"的步伐。如前面所提到的，顾客以为"花钱就应该享受"，一些中高档饭店绿色消费遭到了客人投诉，如何在满足消费者正常需求及推行绿色发展之间找到一个平衡点，对于建设绿色饭店来说至关重要。发展绿色饭店是为了当地旅游业的持续发展，但是，形成可持续发展的战略仍是饭店应当思考的问题，对于结构分散的旅游业而言，旅游业的投资者和决策者如果各自为政，不进行沟通和交流，就阻碍了合作性政策的形成，饭店要认识到绿色观念的形成是一个潜移默化的过程。许多饭店实行绿色消费的行为，主要是由于利益的驱使。因此，政府积极的引导及消费者消费观念的改变都有利于我国绿色饭店的创建。目前我国绿色饭店仍处于初级阶段。绿色饭店的创建关系饭店的长期可持续发展，这就需要饭店、消费者和政府三者共同管理。

(4)发展环境障碍。政府对于旅游发展的激励措施主要是通过税收优惠和政策的支持来进行的，但是，到目前为止没有形成一整套关于可持续发展的旅游战略。旅游业的发展由于结构较为分散，企业作为决策和管理经营的主体，妨碍了统一的合作性政策的形成。因此，有观点认为只有在公共部门中这些错综复杂的问题才有可能自上而下地得到解决。而法规的缺失与不健全,使得很多饭店在发展绿色饭店的过程中没有了发展环境的激励与约束。

二、旅行社的绿色营销

在旅游产业发展体系中,旅行社是龙头和先锋,在沟通旅游者与旅游企业之间的关系、了解需求和供给方面起着非常重要的作用。作为旅游产业内各要素的重要中介和旅游客源的主要组织者,旅行社是推动旅游产业深入发展的重要因素。旅行社可以将旅行社的发展理念及旅行社的旅游产品向旅游者进行介绍,旅行社在对旅游者进行营销的过程中也是一种市场推广,通过介绍旅游路线和旅游景点的内容能够影响到旅游市场的生态环境建设。旅行社实行绿色发展的内在原因是人们环保意识的逐渐增加,而外部原因则是环境恶化所带来的压力。旅行社在发展过程中要从多个方面来保护生态环境,这种保护推动了绿色营销的产生,而绿色营销是近几年来市场营销中较火的一个营销点,旅行社实行绿色营销必须以生态环境的保护作为指导原则,旅行社要将旅游服务和管理理念渗透到整个经营管理过程,从产品的设计研发到各个环节的管理都要实行绿色化管理。绿色营销强调人类在生存和发展过程中,应当重视环境的理念,强调企业在追求经济效益的过程中不能以损害环境为代价。

绿色营销是现代市场营销发展的一个重要趋势,也是对传统营销的延伸及扩展。相对于传统营销,绿色营销有以下几个方面的特点:第一,不同于传统营销,绿色营销是引导消费者适度消费,降低能耗,并追求环境发展的可持续性。第二,服务的对象发生了改变,绿色营销强调人作为社会发展主体所应具有的社会责任,而企业在满足消费者消费需求的同时,应当对生态环境履行保护的义务。第三,企业文化发生了改变,不同于传统营销中的竞争文化,绿色营销强调在产品价格及产品促销方面实行绿色化,从而争取更多的市场份额,这种消费理念有利于保护环境。

(一)旅行社绿色营销的内容

1. 营销理念的绿色化

在绿色营销观念的指导下,企业以人为本,实施绿色化管理,旅行社实

行营销理念的绿色化，就是要求旅行社在可持续发展观念的引导下共享旅游资源，强调社会进步所带来的经济效益和生态效益的统一，注重旅游业的持续发展。随着信息时代的到来，人们对于产品的消费趋于理性，越来越多的消费者重视环境保护，绿色的消费观将是企业需要重视的新选择，绿色的消费理念能够塑造现代旅行社的良好形象。因此，旅行社在营销的过程中要做到这样几点：第一，旅行社的经营者和管理者要有绿色发展的理念，将保护生态环境作为自身的责任，在环境保护与经济发展之间找到一个平衡点。第二，要重视旅游资源的可持续性，旅行社要意识到对于环境的无节制消耗意味着在不久的将来，我们将失去环境的依托。第三，树立保护环境的法治观，用法律法规来约束企业的行为。第四，树立保护环境的道德观，环境保护是社会主义精神文明建设的重要内容，旅行社应当提高自身的社会责任感，通过自觉地树立保护环境的道德观促进我国精神文明建设的发展。在上述观念的引导之下，才能实现旅行社与环境的长期可持续发展。

2. 产品设计的绿色化

旅行社在产品设计方面应当符合绿色化的要求，同时要遵循生态环境保护的原则。

（1）绿色旅游产品的设计原则。旅行社产品的设计应当满足不同层次人们的消费需求。因此，旅行社在设计旅游产品时，要在保证旅游地当地的生态环境的可持续发展、满足旅游者合理的需求之下体现旅游的教育性，在满足旅游者好奇和猎奇的旅游心理下，突出旅游者在旅游项目中的参与性和体验性。通过多层次旅游产品的开发让旅游者满足不同层次的旅游需求，帮助旅游地当地居民获得经济效益。

（2）建立旅行社绿色产品体系。在绿色发展理念的盛行之下，人们更加关注旅游项目的和谐和理性，旅行社在营销过程中，要追求旅游产品的创新性。绿色产品的直接含义是低能耗的生态化的旅游产品，例如：森林旅游、滑雪旅游、野生动物园旅游、海洋公园旅游等。除此之外，还有探险旅游。只要符合绿色发展的理念都可以称为绿色旅游。

3. 产品组合的绿色化

旅行社的发展除了要对各种旅游要素进行整合，向旅游者提供服务之外，还要通过与旅游者进行思想的交换和观念的碰撞，开发具有消费市场的

旅游产品，因此旅行社的经营管理者要在产品组合的选择过程中，充分发挥在整个绿色产业中的组织和引导作用，建立绿色产品供应链。

4. 与旅游者交换过程的绿色化

旅行社在向游客提供服务的过程中，服务人员的言行举止也有利于游客认识到环境保护的重要性。服务人员通过普及文明出游的方式，倡导游客进行绿色消费。培养旅行社服务人员和管理人员的环境保护意识、提高他们在生态环境问题上的处理能力已经成为旅行社对工作人员日常培训的必修课。

（二）旅行社实行绿色营销中存在的问题

由于我国在旅游市场管理方面的法制不健全，旅游市场的发展过分重视短期利益而忽视长期的宏观利益，导致旅游市场上充斥着假冒伪劣商品、景区管理者与旅行社之间的高额回扣问题。我国旅行社在实行绿色营销的过程中，存在着很多障碍。

1. 旅行社方面的意识及成本障碍

（1）旅行社绿色营销理念的欠缺。营销理念是旅行社发展的指导思想，旅行社营销理念的正确与否关系着旅行社的成功与失败。目前我国绝大多数旅行社在发展的过程中仅重视经济效益，这种短视的行为导致对于长期的环境保护等方面的问题考虑得较少，不少旅行社面对消费者的环境保护意识增强及绿色需求所带来的新的市场缺乏正确认知，有的旅行社虽然能够认识到绿色消费所带来的可观利益，但是由于进行绿色营销要产生高额的成本，并且存在着一定的风险，从而放弃绿色营销的理念。旅行社不愿意加大对于绿色营销的经济投入，也使得旅行社在绿色发展过程中丧失了市场先机，有的旅行社在市场竞争中面临着亏损的现象，根本不愿意花费高额代价来推行绿色营销。

（2）绿色营销增加了旅行社经营成本。绿色消费及绿色营销能够体现环境保护的重要价值。旅行社在使用环境资源的过程中必须以付费的方式，有偿使用环境资源，使用费主要从三个方面获得：第一，治理环境污染所需要的费用。第二，资源成本。绿色发展的理念要求旅行社必须合理配置和使用资源，通过提高资源使用效率来降低成本。在降低成本的过程中所增加的投入在实施绿色营销的初期无疑会加大旅行社的成本投入。第三，

绿色营销的各个环节都要求旅行社从以往的传统营销方式转向新型的绿色营销,这种转变会无形中增大旅行社的运营成本。

(3)企业的经济属性使旅行社缺乏支出绿色成本的主动性。企业在本质上是一种营利性组织,追求利润的最大化是企业生存和发展的根本。利润的最大化要求企业在发展过程中尽量以低投入获得高效益,在不影响整体收益的前提下降低成本。而绿色营销则会加大旅行社的运营成本。目前,我国的部分旅行社掠夺式地开发和使用自然资源,这种破坏环境的方式,由于缺乏法律法规的约束,并没有受到法律的制裁,但是这种行为所带来的负面影响非常大,能够造成旅行社对于环境和社会责任的漠视,在利润最大化原则的指导下,旅行社不愿意实行绿色营销。

2. 政府方面的激励及约束机制的不足

绿色营销作为一种全新的营销方式,需要政府的鼓励、支持和引导,政府在发展旅游业的过程中应当重视环境保护的工作,开展绿色教育,通过向旅游组织颁发绿色标志来督促旅游组织实施可持续发展战略。而目前政府尚未制定相应的措施来支持绿色营销,激励及约束机制不足,使旅行社实施绿色营销缺乏有效的政策引导和发展环境。对各级政府政绩的考核目标应设置生态环境指标。

3. 旅游者的绿色消费观念未形成

总体来看,我国国民的绿色发展意识不强,很少比例的国人了解绿色营销这一概念,绝大多数人对绿色营销闻所未闻。在整个社会发展的过程中,大众绿色消费仍处于初级阶段,但是绿色旅游产品,由于在价格上高出传统旅游产品,也会使旅游者不去选择绿色旅游产品。而现在在旅游市场发展的过程中,存在的绿色旅游产品在游客的体验和服务上与其他传统旅游产品相比,没有显著优势。游客对健康的旅游产品有着强劲的潜在需求。

4. 绿色旅游产品的公共物品属性

绿色旅游产品具有公共物品的特征,旅行社在对绿色产品的使用过程中具有非竞争性和非排他性,因此,旅行社实行绿色营销的自觉性不够强。

三、乡村体育旅游交通的“绿色化”——绿色交通

绿色交通是指在保障游客旅游安全和环保的情况下,通过使用能耗较

低的出行工具来降低能量损耗。绿色交通在我们生活中很常见,例如:电车、轻轨、地铁、新型电力车等。它们在行驶的过程中与传统的交通工具相比,只产生少量的污染,因此被鼓励为绿色出行方式。

(一)绿色交通的特性

绿色交通主要是指景区内的交通,它包括水上交通、空中交通和陆运交通三种类型。绿色交通对于绿色营销具有重要作用,它是人们实现绿色出行的重要手段,使用绿色交通符合生态化旅游要求,通过使用绿色交通能够减轻交通和环境的压力,在使用绿色交通的过程中游客能够更加深入地融入当地的风土人情和人文特色。绿色交通除具有游览性、舒适性及便捷性以外,还具有环保性、自然性和地方性。

环保性是指通过使用新型交通工具从而降低能源损耗和污染排放。传统的交通工具对环境破坏的影响非常大,传统汽车每消耗1000克汽油需要15 000克的新鲜空气进行稀释。因此应当鼓励新型交通工具的采用以降低景区的环境污染,一方面,减少机动车辆进入景区;另一方面,推广使用能耗量及污染量较低的汽车,如使用电力和太阳能作为动力,以减少汽车尾气对大气所造成的污染。

自然性是指在旅游景区内,尤其是在生态环境较为脆弱的地区,通过使用绿色交通工具或者徒步的方式减少对于生态环境的破坏,这种贴近大自然的旅行方式使游客们可以欣赏美景,并且随心所欲地游山玩水。假使由于各种原因需要使用机动车辆,应尽量使用符合环保要求的车辆,车辆在风格的设计和外观上应当与自然环境相贴切,与当地景区的整体规划相符合,在使用的过程中不能干扰生物的正常生存。

地方性是指在交通工具使用的过程中应当符合旅游区的地形地貌、气候条件及风土人情、宗教信仰等方面的特点,比如,在内蒙古大草原上,马是当地居民出行的主要交通工具,因此,在当地旅游的开发中,可以将马作为主要的交通工具,不仅可以给游客们提供纵情驰骋草原的旅行体验,而且当地的居民也能参与其中,并且把自己家养的马匹用于当地旅游服务业中。

(二)绿色交通的建设内容

绿色交通建设的目标主要有三点:交通功能目标、资源利用目标和生态环境保护目标。交通功能目标主要是指旅游区的旅游交通,它包括出行的

快捷度,以及出行的舒适度等方面。资源利用目标就是在旅游区交通设施的设置方面应当考虑当地的土壤资源、水资源、人力资源等方面的因素。生态环境保护目标也被称为生态环境目标,它主要要求在旅游区内所使用的交通工具应当尽量减少对空气的污染和能源的损耗,以及对生态环境的破坏。交通目标是绿色旅游发展的主要内容,中国绿色化的交通能够实现旅游区环境保护的主要目标。绿色交通是一个系统的工程,这一系统工程涉及多个要素。绿色交通除了提供安全、便捷和环保的交通方式,还有一层意义就是在为游客们提供服务的过程中,要使游客们感到安全舒适,增加旅游的愉悦感,做到以人为本。这除了要加强对于交通设施安全性的考虑之外还需要对交通设施进行美化,通过在道路旁边种植植物来为游客们提供人性化的服务。旅游区的绿色交通,除了要满足游客的基本出行的方便和舒适之外,还应具有旅游欣赏的功能。

1. 清洁能源的使用

交通工具应当使用清洁能源,尽量减少尾气对于大气的污染。新公布的《汽车产业发展政策》指出,汽车产业应当进行能源结构调整,通过采用新型的燃料,例如乙醇汽油、天然气等来代替普通石油燃料的使用。石油燃料会向大气中排放大量的二氧化硫等气体,这些气体是造成环境污染的主要原因。目前,我国已经停止了对于含铅汽油的提供,并且鼓励市民使用新型交通工具。车船等交通工具对动力资源可以有多种选择,如电力、太阳能、沼气、风能,以及达到排放标准的各种能源。

2. 噪声的控制

旅游交通噪声的防治有许多措施,如建造防噪声墙、景区内机动车全部禁鸣、不允许过境车辆穿越旅游区等。我国第一道公路专用防噪声墙建在贵州省贵阳市至黄果树风景名胜区一级汽车专用公路边。这道防噪声墙高3.5米、厚0.25米、全长778.72米,大部分采用多种吸声材料建成。在墙上有反拱波纹形、飞鸟形、空心梅花形、方块镶花盆形、立式方齿形和圆齿形图案,宛如一条建筑长廊,其余部分则用空心结构,效果不错。声屏障竣工后,实际降低噪声10.5分贝。

3. 绿色走廊

旅游景区的交通路径主要由空中、河道、公路及游步道构成,而对旅游

景区造成直接污染的主要是公路和河道。河道除了运河、水库以外基本上是天然形成,所以该路径的形成对区域环境几乎没有很大影响。而公路交通因为其便捷性而得到广泛发展,可进入性已经成为旅游区发展的关键要素,但修路过程中,存在开山辟路、过河架桥等影响当地生态环境的行为。绿色走廊的建设要体现在公路的建设过程中,应当做到对于生态环境的保护,建成之后要注重当地植被的恢复,通过保护环境来建设集生态、景观于一体的新型公路。在修路的过程中应当将地面的植被保存起来,在公路修完之后重新将植被用于当地的绿化。在美化道路方面应当通过种植草皮等方式来改善当地的旅游景区的绿化率,可以在大路两旁种植树木。

完善的交通会带来更多客源,是实现旅游产业价值的必要条件;发达的旅游交通体现出旅游区的可进入性,把越来越多的旅游者输送到目的地,该地也会因此扩大知名度,逐渐兴旺发达起来。旅游交通是旅游产品组合中不可缺少的部分,旅游者的交通开支在旅游总消费中占很大比例,交通运输是旅游业创收的重要途径和渠道。所以,“绿色化”交通会产生旅游生态和经济的双重效益。旅游产业的生态化是所有产业要素的生态化,旅游交通的“绿色化”是其中必不可少的重要环节。

第三节　乡村体育旅游发展的未来——信息化与智能化

一、中国旅游信息化发展

(一)中国旅游信息化发展过程

信息化、互联网的学问很大,确实有很多东西需要好好研究。“起大早,赶晚集”描述了我国旅游信息化的一个现状,急起直追应当是下一步的工作态度。1992 年,我们就提出一个构想,要搞一个中国旅游信息库。当时,国家计委、国家信息中心、国家旅游局三个部门发动,投入部分资金,运用行政力量在辽宁抓试点,如果辽宁把这个事办好了,国家旅游局承诺奖励 20 台电脑,那个时候 20 台电脑是很不得了的事情。最后形成了大概 6000 万字的成果,当时这真是海量,100 多个录入员录入,国家旅游局政策法规司政研处的 7 个干部每天编辑校对。那时候的工作量需要按“吨公里”来计算。因为每

天下班扛着一大包材料回家，第二天再扛回来。最后形成了一个产品，就叫“中国旅游信息库”。当时没有其他的技术手段，就是73片磁盘，一个很精致的包装，这在国际上也算是创新的，但是最后没起到作用。

从那以后政府很关注这方面的事情。1995年，又一次发动研究互联网进入中国以后对中国旅游业的影响，后来形成了一些研究成果。起因是有一次一个英国人对互联网已经进入中国感到很吃惊，他说：“互联网的开放是一个国家根本性的开放，而且互联网一旦开放，这个国家的开放不可逆转。互联网进中国了，我对中国的前景看好，提高了对中国的认识。”那次之后，我国就开始研究互联网进入中国之后对中国旅游各类业态的影响，形成了相应的认识和研究成果。

到了2000年，国家旅游局组建了中国旅游网，而且形成了一个比较强的概念，即再过20年，旅游行业的物理形态都在，但是所有的运作形态都会改变，而且会发生根本性的改变。到2006年，科技部下了一个现代服务业支撑体系的课题，围绕这个课题又组织了研究，形成了一个6万字的数字旅游研究报告。2007年，又围绕着“12301”的上线与运营制订了一整套方案。虽然这一系列的事情都在做，但是旅游总体来说在这个领域已经落后了，不仅落后于国际，也落后于国内其他产业。

（二）旅游特点与信息化

为什么“起了个大早却赶了个晚集”，这就需要深究。之所以能够“起大早”，是因为旅游的特点，旅游的信息是海量信息，对应这种海量信息状况，我们没有先进的技术手段，不借助互联网来开拓肯定不行。而且，旅游又是永远处于流动状态，处于变化状态，所以形成的需求更强烈。从供给的角度说，经过多年的摸索，现在数量不少但像样的不多。如果从全国来分析，基本上从1995年开始，无数的旅游网站就开始运行了，一直到现在都是网站非常积极，但是实体企业积极性不够高。

各级政府包括各级旅游局，对于互联网的应用各不相同，地方各级政府、各级旅游局要好一点。比如，市这一级，现在做得相应来说比较扎实一点；到省这一级，就是“样子货”了；到了中国旅游网，大体上是一个死网站。为什么有这么强烈的市场需求，但是我们现在却是这么一个状况？只能得出一个结论，就是“起大早，赶晚集”，这样的状态远远适应不了未来发展的

需要。客观来说，在20世纪80年代的时候，我们是用手工业的方式来对应世界旅游业的大工业方式；进入20世纪90年代，尤其是进入21世纪以后，我们是用一种大工业的方式在对应世界上后工业化的方式，所以我们总是落后一步。即使在国内相比也是如此，在服务业里来看，旅游行业互联网的应用，在整个服务业里是落后的，包括和制造业、流通业相比，我们也是落后的。一个对信息化需求最强烈的产业，起步比较早的产业，现在却远远落后了，而且这样的落后不只影响到互联网的应用问题，也使整个产业形态落后了。

改革开放40多年，制造业、流通业等各个行业都经历过几次更新换代，但是旅游行业严格来说没有。饭店行业叫作有升级没有换代，旅行社行业连升级都没有，所以自然而然就形成一个状况，即旅游行业作为改革开放的龙头、窗口行业，实际上变成了一个保守的、落后的产业。其中有一个重要的原因，就是这个行业的技术含量低。由于技术含量低，大家就没有升级换代的愿望，因为按照传统的方式可以运营。到现在，多数旅游企业仍然按照传统的方式运营，大家还觉得活得下来。这和工业企业截然不同，工业企业没有技术的更新换代，马上就被淘汰了，因为产品一代一代在更新，而旅游行业无所谓。所以，旅游行业的一个新任务就是急起直追。

（三）加快旅游信息化的思路

1. 市场营销

不是说我们引进多少新技术马上就能到位了，实际上这里涉及一系列的工作调整和工作安排。现在大家对市场营销看得都非常重，各地包括旅游企业在营销方面也舍得花钱了，原来说一个景区一年营销费用1000万元，听着是天文数字，现在一个景区一年1000万元的营销费用不算什么，至于一个市、一个省，量就更大了。但是现在这种营销效果一般，很多地方还都在追求上中央电视台。假设在中央电视台上每天有2秒钟8个字，每年要花800万元，而且还不是每天都有，大概隔一天有一次，这种方式有意义吗？实际上这种广告主要并不是做给市场的。从信息分类看，可以分为品牌性的信息、服务性的信息和后续性的信息。现在把大把的钱都砸在品牌性信息上，而没有后面这两类信息的跟进供给，那意义就不大。

2. 新思路,新方法

要急起直追,就要有一些新思路和新方法,这里光讲信息是不够的。信息化的目的主要是解决信息不对称的问题,但是现在的问题不在于信息不对称,而在于信息海量。海量创造了一种新的不对称,而且这种不对称对所有人都是公平的。所有人都感觉到这种新的信息不对称,所以就需要从信息化提升到数字化,数字化就给我们提供了一些工具,提供了一些方法,使我们来过滤。搜索引擎的发展,实际上就是数字化的发展。再进一步需要提升到智能化,这种智能化是旅游下一步发展的方向,是解决中国未来几十年发展问题的一把金钥匙。从这个角度说,就需要确确实实做一点文章。

一方面,我们现在一个大的问题是很多资产沉淀,尤其是这一轮投资高峰过去之后,旅游势必发生一个新的现象,形成很多新的资产沉淀,造成一种相对的产能过剩。其他行业都在谈产能过剩,旅游也存在产能过剩的问题,可是另一方面,又产生了局部的阶段性高峰和拥挤,这就是资产和市场、资源和需求一种新的不对称。这种新的不对称恐怕下一步只能靠智能化来解决,这种解决就应该是综合性的、全面的解决方案。所以,这里首先需要智能设备,其次需要智能技术。现在整体信息的基础设施建设,包括技术,都不是大的问题,真正大的问题是智能化的头脑。

智能化的头脑又包括两个层面:一个层面是掌握技术和使用技术的人,另一个层面是决策者。目前最大的问题是决策者,决策层对这个问题并没有充分的认识。这个问题在整个行业都存在,尤其是老企业。实际上越传统就越保守,因为按照传统方式来运营,现在还能维持下来,我们现在真正的障碍不是资金,不是技术,是我们自己的头脑,尤其是决策者的头脑。

3. 构造新的生活方式

客观来说,现代的信息化实际上已经改变了我们的文化,这种文化的改变使整个社会的民主气氛大为增长,使我们平等的感觉更加增强,使每个人的个性得到张扬。大家通过互联网觉得自己的选择机会更多,这都是一种文化性现象,而且构造了一个深层次的社会心理,说到底,在构造一种新的生活方式。

现在我们的生活方式是“三屏生活”:晚上是电视屏幕,上班是电脑屏幕,日常是手机屏幕。这完全是一种新的生活形态,在旅游方面必然引发革

命性的变化。这种革命已经发生了,现在就看我们能不能跟上这场革命,能不能培育智能化的头脑。有两个前提条件:第一是开放,第二是自由。互联网本身就是一种开放,文化的根本是一种自由,所以只有开放、自由,才能到达云端。云计算不仅是技术,而且是在技术创新基础上的文化创新和制度创新。

二、旅游业智能化发展

美国正在发动一场能源革命,中国应该发动一场智能革命。中国经济发展不能像美国那样通过搞能源革命促进正常化发展,我们国家的发展必须基于国家的基本国情发展智能革命,通过智能革命对国家经济结构进行调整。

(一)信息五层次

信息有五个层次。第一个层次,信息的原始数据数量较多,但是这个层次的好多数据是没有价值的,这些数据被称为噪声。第二个层次,经过处理后的数据,经过处理后的数据具有价值,是一种数据资源。第三个层次,经过分析处理后的数据,经过分析处理后的数据才能够成为流动的信息,信息在市场上作为一种重要稀缺的资源应具有市场的对应性。第四个层次,信息在升华之后成为新的知识,而知识具有一定的创造性和经济价值。第五个层次,知识在全面整合中形成了智慧,而智慧往往具有革命性和颠覆性。对旅游进行营销不仅仅是单纯的产品信息,更重要的是将营销变得智慧起来,通过向旅游业提供智慧,创造智慧,将旅游业的产品建设成智慧的产业,这是旅游业发展的终极目标。我们在满足对于海量信息加工的过程中也应当向一流市场提供更多的信息,这些信息是真正有价值的信息,比如,对于携程网来说在信息的基本层次上已经实现,但是要在信息的智慧层次上进一步追求就需要考虑近期的智能化及信息的营销。

(二)发展三阶段

智能化发展要经历三个阶段。第一个阶段是信息化。信息化是一个基础工程,信息化的主要内容是沟通信息,解决信息发展过程中的不对称性问题,经济发展的一个重要阻力就是信息的不对称,因此通过信息化能够解决信息不对称所带来的弊端,对于经济发展来说具有重要作用。第二个阶段

是数字化。数字化作为经济发展的一个手段，主要是通过整合运用多种资源来解决发展效能不足的问题，数字化能够带来运营效能的提高，进而降低运营成本。在数字化的过程中，我们提供的是更有价值的东西，这种东西不仅仅是知识，更是一种创新和智慧。第三个阶段是智能化。智能化作为一个方向，主要是解决全局性的问题。智能化的目的是创造核心竞争力，解决资源有效配置、合理运行的问题，这种资源的配置和运行首先要对各种资源进行整合，其次，在整合的过程中实现资源的有效配置，在这两点解决之后就会使运营效率得到大幅提升。

（三）发展三要素

第一，智能设备。智能设备就是指科学技术产品，例如计算机、互联网等，智能设备普及率越高发展程度就越高。信息化已经成为当前的一个发展趋势，总的来说，智能设备发展过程中要紧跟时代潮流。中国目前在互联网领域与其他发达国家相比仍有一定的差距。

第二，智能技术。在智能技术方面，我们与发达国家相比起步较晚，没有有针对性的智能化全面技术解决方案，智能技术的开展仍有待提高，比如现在的智能酒店，实际上是通过前台和后台共同运营帮助酒店客户解决住宿等基本问题，通过智能化对于用户的偏好进行掌握，同时给用户提供多种有针对性的智能小工具，比如，在苏州酒店客人在办理入住时，酒店方就会给客人提供一个小手机，客人在服务区内只要有电话打过来就会通过前台进行转接，前台相当于一个咨询服务中心，为客户们提供随身的服务，后台则是用于资源的配置及管理效率的提高。我国很多高新技术都可以运用到智能酒店这一新型产业中，智能旅行跟智能酒店相比在技术问题上有一定差距，比如，在电子导游方面基本上是游客拿着电子导游器在景区旅游，走到哪里电子导游器都会进行提醒和景点讲解，在这方面景区的智能设备技术相当成熟，但就总体而言，应当进一步研究如何使智能产品应用到旅游业发展的各个环节。

第三，智能头脑。通过技术改进和技术的精细化、深层次化管理为旅游业的管理者提供智慧，这里最重要的就是智能的头脑。智能化无论发展到何种程度，都不可能替代人类头脑的智能本身。相对于智能设备和智能技术而言，创造智能头脑是最难的，在这方面并无明显的国别差距。

（四）旅游特点与智能化

海量信息是互联网发展过程中的一个重要特点，这就要求对信息进行分析、归纳和整合，给客户提供更加有价值的产品。旅游是一个动态的、不断发展的新的业态，它不像普通的制造企业那样在制造的各个环节都是可以控制的，普通制造业有什么样的生产原料，以及采用什么样的生产线和生产工艺，最终就会生产出什么样的成品，但旅游业不同，旅游业的发展是一个充满变动的过程，在这个过程中会有很多突发情况，这就需要对旅游业的发展进行动态的精细化和智能化的管理。比如，我们在国外搭乘汽车的过程中，中途司机会将车辆开到服务区让乘客们休息，在休息的过程中，他们会对乘客进行严格的管理。除此之外，司机旁边还有一个智能设备，这种智能设备用于监督司机的开车情况，对司机的开车时间和开车速度进行记录，经常有管理者进行抽查，如果司机违反规定，没有按时休息就会受到处罚，这一个技术手段的使用帮助司机严格遵循相关法律法规。而将各种技术手段综合运用就是智能化配置的核心。在配置方面酒店所采用的跟旅行社所采用的不完全相同，但其核心都是为了从技术上解决问题。之前在旅游业存在着很多乱象，例如导游通过拿回扣的方式，与旅游景区管理者沆瀣一气，暗箱操作，这种做法从根本上就是错误的。要对旅行社进行全程的控制，防止在旅游的过程中出现各种各样的损害游客行为的发生，从智能化的方向进行考虑就能够达到这种效果。

（五）出境游大国与智能化

据权威数据统计，2019 年，我国出境旅游人数为 15 463 万，我国已经成为一个出境游大国。如何使出境游大国实现智能化发展，在世界资源配置的过程中培育中国的旅游品牌和旅游跨国集团至关重要，尤其是在金融危机及整体经济发展低迷的时期，通过降低成本、提高质量和提供良好服务实现营销运营对我国来说尤为必要，旅游企业在发展的过程中不能无节制地依赖海外进口资源。我国在出国组团旅游中，控制游客的出行质量、保障游客的出行安全靠原始的方式不能实现，必须要进一步研究，通过使用新技术来解决在智能化领域中的资源配置问题，只有这样我国的旅游业才能够在世界的旅游业中具有真正的竞争力。

参考文献

[1]李兴江.中国农村扶贫开发的伟大实践与创新[M].北京:中国社会科学出版社,2005.

[2]柳伯力.体育旅游概论[M].北京:人民体育出版社,2013.

[3]何丽芳.乡村旅游与传统文化[M].北京:地震出版社,2006.

[4]黄海燕,张林.体育旅游[M].北京:高等教育出版社,2016.

[5]蒙睿,周鸿.乡村生态旅游:理论与实践[M].北京:中国环境科学出版社,2007.

[6]陶宇平.体育旅游学概论[M].北京:人民体育出版社,2012.

[7]徐勇.中国体育旅游发展研究[M].武汉:华中科技大学出版社,2016.

[8]许源源.中国农村扶贫:对象、过程与变革[M].长沙:中南大学出版社,2007.

[9]杨达源,刘庆友,舒肖明,等.乡村旅游开发理论与实践[M].南京:江苏科学技术出版社,2005.

[10]于素梅.中国体育旅游研究[M].北京:中国水利水电出版社,2006.

[11]钟秉枢,李相如.中国休闲体育发展实践与探索[M].北京:北京体育大学出版社,2015.

[12]周道平,张小林,周运瑜.西部民族地区体育旅游开发研究[M].北京:北京体育大学出版社,2006.

[13]陈海明,陈芳.基于旅游综合体模式的新型主题公园发展研究:以珠海长隆国际海洋度假区为例[J].荆楚学刊,2014(3):91-96.

[14]陈林会.产业生态系统与我国体育产业发展[J].体育科研,2014(3):62-67.

[15]李彬. 中国乡村体育旅游发展方向调整与路径选择:基于共享经济发展视角[J]. 改革与战略,2017(5):127-130.

[16]刘少英. 西部体育旅游产业开发的生态战略选择与可持续发展研究[J]. 中国体育科技,2005(6):3-5.

[17]刘彦随,周扬,刘继来. 中国农村贫困化地域分异特征及其精准扶贫策略[J]. 中国科学院院刊,2016(3):269-278.

[18]曲蕴,马春. 文化精准扶贫的理论内涵及其实现路径[J]. 图书馆杂志,2016(9):4-8.

[19]苏芮,杨强. 体育旅游:发展机遇与产业创新:2016 中国西部体育旅游高峰论坛综述[J]. 体育成人教育学刊,2017(1):34-37,95.

[20]唐国荣. 发展乡村体育旅游影响因素的研究[J]. 金田,2013(10):398.

[21]唐小英. 国外体育旅游研究现状与分析[J]. 西安体育学院学报,2005(1):36-38,41.

[22]陶萍. 乡村体育旅游循环经济型发展研究:基于低碳生态视角[J]. 沈阳体育学院学报,2014(2):64-67.

[23]王琼莲. 群众文化建设对精准扶贫工作的推动作用[J]. 赤子(上中旬),2016(21):44-45.

[24]吴琼莉,郑四渭. 国外乡村旅游研究及对我国的启示:基于我国乡村旅游发展现状的思考[J]. 中国物价,2007(12):58-61.

[25]鲜祖德,王萍萍,吴伟. 中国农村贫困标准与贫困监测[J]. 统计研究,2016(9):3-12.

[26]徐咏. “多彩贵州”乡村体育旅游的现状与可持续发展的思考[J]. 贵州社会科学,2010(5):90-93.

[27]严春燕. 对我国乡村旅游发展状况的探析[J]. 北京工商大学学报(社会科学版),2010(4):125-128.

[28]杨弢,姜付高. 体育旅游可持续发展对策[J]. 山东体育学院学报,2003(2):20-23.

[29]于素梅. 不同群体体育旅游需求调查与分析[J]. 北京体育大学学报,2006(12):1633-1636.

[30]余万斌. 低碳时代我国乡村体育旅游发展的策略研究[J]. 湖北社会科

学,2013(2):81-83.

[31]张满林,朱新杰.辽宁乡村旅游与体育旅游融合发展模式研究[J].体育文化导刊,2013(7):86-88.

[32]张世定.对贫困地区文化扶贫工作的思考[J].福建省社会主义学院学报,2016(1):96-101.

[33]张越.长株潭城市群体育旅游发展策略研究[J].经营管理者,2017(8):63.

[34]郑柏武.龙岩乡村体育旅游目的地品牌塑造探究[J].运动,2013(23):140-142.

[35]邹循豪,江广和.乡村休闲体育开发中农村人口就业与发展研究:以湖南桃源县休闲体育旅游业为例[J].体育科技文献通报,2013(3):3-4,14.

[36]常丽娟.旅游民族学视角下乡村体育旅游促进村落经济发展的实证研究:以雷山县民俗节庆体育为例[D].成都:成都体育学院,2013.

[37]戴东建.吉首市乡村体育旅游开发研究[D].吉首:吉首大学,2012.

[38]邓淑芬.基于ASEB分析的乡村体育旅游的实证研究:以高坡乡为例[D].贵阳:贵州师范大学,2017.

[39]葛曼.滨海旅游城市商业综合体公共空间设计研究[D].北京:北京林业大学,2016.

[40]彭婷.全域旅游视角下商洛柞水县体育旅游发展路径研究[D].西安:西安体育学院,2018.

[41]沈琳.旅游综合体发展模式与发展路径研究[D].上海:复旦大学,2013.

[42]王音.新农村建设背景下的乡村旅游发展研究:以河南省新安县为例[D].郑州:郑州大学,2014.

[43]王哲.河南省一线四区乡村体育旅游发展SWOT分析[D].上海:上海师范大学,2014.

[44]张志.体育旅游开发研究:以重庆市为例[D].重庆:重庆师范大学,2005.